51
4211

HISTOIRE

DE

L'INONDATION

DE 1846

DE SES CAUSES ET DE SES RAVAGES.

TRAITS DE COURAGE, DE DÉVOUEMENT ET D'HÉROÏSME
AUXQUELS ELLE A DONNÉ LIEU;

Souscriptions, Ordonnances du Roi,

REPRÉSENTATIONS

AU BÉNÉFICE DES INONDÉS, ETC. ;

AVEC UNE NOTICE HISTORIQUE

SUR LES INONDATIONS EN GÉNÉRAL.

—●●—

PARIS.

MAISTRASSE ET WIART, IMPRIMEURS-ÉDITEURS,
RUE NOTRE-DAME-DES-VICTOIRES, 16.

—

Novembre 1846.

Imprimerie et Lithographie de MAISTRASSE et WIART,
Rue Notre-Dame-des-Victoires, 16.

INTRODUCTION.

L'histoire des inondations peut dater de l'origine du monde. Sans parler des déluges dont on trouve le récit dans l'histoire des différents peuples, on peut citer de nombreux et terribles exemples de la puissance destructive des eaux. La science attribue les inondations à trois causes principales : 1° à la rupture, par quelque cause que ce soit, de barrages, ou à la destruction des bords naturels d'un bassin retenant en équilibre une masse d'eau au-dessus d'une contrée relativement plus basse ; 2° aux dislocations, suites ordinaires des tremblements de terre, qui souvent dérangent le niveau du sol et abaissent subitement au-dessous du niveau de la mer ou des fleuves des contrées auparavant plus élevées ; 3° enfin aux marées extraordinaires, dont la violence fait monter la mer au-dessus des bords où elle est ordinairement retenue, et projette ses eaux dans des contrées où jusque-là elle n'avait point d'accès.

Les causes qui déterminent les divers accidents que nous venons de citer sont : 1° les pluies abondantes et continues; 2° la fonte rapide des neiges et des glaces après un hiver rigoureux, qui grossissent outre mesure les rivières et les fleuves; 3° enfin, ce qui n'est encore qu'à l'état d'hypothèse, l'irruption soudaine, dans le cours des fleuves, de vastes réservoirs d'eaux qui, retenues d'abord dans les montagnes, parviennent, par la pression de leur propre poids, à se créer tout à coup une issue au milieu des vallées.

On croit généralement que la catastrophe dont nous avons entrepris de retracer le douloureux tableau est due à un violent orage qui aurait éclaté dans le Puy-de-Dôme et versé dans l'Allier des torrents de pluies, enfin à des pluies abondantes dans le haut cours de la Loire. Cependant on ne croit pas que ces pluies aient été suffisamment abondantes pour provoquer le gonflement subit des eaux qui caractérise la dernière inondation. D'un autre côté, on a remarqué certains phénomènes qui permettraient d'attribuer une partie du gonflement des rivières à des irruptions souterraines. Nous ne discuterons pas le plus ou moins de probabilité de ce fait, nous nous contenterons de le consigner; de plus savants que nous ne le feront peut-être pas sortir du domaine de l'hypothèse, nous ne devons donc pas nous y arrêter plus longtemps.

Les chroniques de tous les peuples sont remplies du récit des ravages causés par les inondations et les débordements des rivières. Si l'on compare l'histoire récente, c'est-à-dire qui ne remonte pas au-delà d'un demi-siècle, avec celle qui précède, on trouve que la première est certainement plus féconde en désastres de ce genre que la seconde. On a donc dû chercher la cause d'un si dangereux changement. Les savants se sont émus, ils se sont crus obligés d'expliquer ce phénomène, et ils ont imaginé le déboisement des montagnes; en sorte que, depuis quelque temps, le déboisement des montagnes a joué un grand rôle dans toutes les discussions géologiques. Sans nier son influence, nous nous permettrons une observation : c'est que le déboisement, dû à l'extrême division du sol, résultat de ces lois civiles, conséquence de la révolution française, pourrait bien être attaqué plus encore à cause de son origine que de son influence même. Ce n'est pas assurément que nous voulions prétendre que le dénudement des montagnes ne soit en général une chose fâcheuse à laquelle il est bon, il est utile de remédier, mais nous croyons que l'on n'a pas assez tenu compte des travaux d'art qui, de toutes parts, ont eu lieu sur le cours des fleuves et des rivières pour en favoriser la navigation. On n'a peut-être pas assez réfléchi qu'aux époques où les inondations étaient moins fréquentes que de nos jours il n'y avait que peu ou pas de barrages, de levées ou digues destinées à resserrer le cours des eaux. A d'autres époques, la Loire, de tout temps capricieuse, débordait, comme aujourd'hui, quand les phénomènes atmosphériques qui produisent des crues d'eau considérables venaient à se manifester, mais elle coulait large, répandue sur une immense surface; ses eaux avaient de l'espace, et les inondations n'étaient pas colères et terribles comme celle qui vient de dévaster si cruellement ses bords; et puis, à cette époque, antérieure au règne de Louis XIV, une presse vigilante n'étant point là pour enregistrer tous les méfaits du fleuve, peut-être que quelques désastres (des moins importants) ont échappé aux chroniqueurs. Aujourd'hui il n'est si mince ruisseau dont le débordement ne soit scrupuleusement enregistré et publié, tandis qu'au dix-septième, au seizième, au quinzième siècle et plus loin, où le besoin d'émotions et de nouvelles était moins grand que de nos jours, quelques inondations de second ordre ont pu être passées sous silence et n'être connues que des riverains qui en ont été atteints. Nous le répétons, ce sont de simples observations que nous soumettons timidement au bon sens public et à la science, nous n'entendons nullement émettre une opinion sur des choses qui ne nous sont pas familières et que nous n'avons pas suffisamment étudiées.

A des époques reculées on trouve dans l'histoire des inondations non moins désastreuses que celle qui vient d'avoir lieu. Ainsi, en 580, le Rhône et la Saône débordèrent, et, après avoir ravagé tout le littoral, engloutirent à Lyon une grande quantité de maisons. On lit dans Grégoire de Tours le récit d'un débordement du Tibre qui entraîna dans la mer une multitude d'animaux de toutes espèces, des serpents et une espèce de dragon de la grosseur d'un petit arbre ; les cadavres de ces animaux laissés par le fleuve, rentré dans son lit, causèrent une épidémie. Paris vit en 881 et en 886, à cinq ans de distance, deux inondations terribles ; la Seine, ce fleuve si paisible, emporta deux ponts ; d'autres contrées de la France furent également inondées. Un débordement considérable de la Seine eut encore lieu en 1195, les ponts furent emportés, Philippe-Auguste fut contraint d'abandonner son palais de la Cité et de se réfugier avec ses fils à l'abbaye de Sainte-Geneviève ; quelques chroniques rapportent qu'il se rendit pieds nus à une procession et à des prières pour la cessation du fléau. Une histoire de Hollande compte quarante-cinq grandes inondations depuis 516 jusqu'en 1273 ; les petites ou moyennes inondations sont, comme on le voit, laissées dans l'oubli. Paris fut encore inondé en 1296, ses deux seuls ponts furent emportés ; nouvelle inondation en 1373 ; le pont Notre-Dame fut emporté ; plusieurs maisons, minées par les eaux, s'écroulèrent. En 1530, le Tage déborda à la suite d'un tremblement de terre avec une violence affreuse ; trente mille personnes périrent ; le roi Jean III campa avec sa famille sous des tentes. L'histoire de la Chine est remplie de récits d'inondations. En 1567, la Loire et le Loiret débordèrent, et tout l'Orléanais fut affreusement ravagé. Le Rhône déborda en 1570 ; le Rhin, en 1571 ; Spire fut couverte par les eaux. En 1579, on vit, à la suite de fortes pluies qui durèrent trente heures, la Bièvre débordée inonder diverses rues ; plusieurs riverains furent noyés, ainsi qu'une grande partie du bétail ; on appela cette inondation le Déluge Saint-Marcel. Paris fut encore inondé en

1595; le cardinal ordonna des prières; les montagnes n'étaient point déboisées, et néanmoins les ponts furent emportés; il est vrai que des voleurs et des usuriers, enrichis pendant les troubles de la ligue, périrent, ce qui fit presque bénir le fléau. Après le cruel hiver de 1608, la Loire déborda et inonda ses bords; tous ses affluents refluèrent, et l'inondation prit un caractère terrible, elle causa d'immenses malheurs; toutes les digues furent rompues, les ponts emportés, et ce désastre se renouvela presque aussi terrible en 1609, toujours avant le déboisement du pays. Quelques écrivains prophétisèrent, après coup, que ce n'avait été qu'un présage de l'assassinat d'Henri IV. Nouvelle inondation à Paris en 1616, en 1649, 1651 et 1657; on s'assembla pour prier, on proposa de détourner la Seine!... Le nombre et l'extravagance des projets à ce sujet est fabuleux. En 1665, inondation à la suite d'une fonte de neige qui dura depuis le mois de février jusqu'au 10 mars; en 1678, débordement de la Gironde; à Paris, en 1750. Vers cette époque les inondations sont fréquentes en Italie, en Allemagne, en Espagne, en Russie. La Seine déborda encore en 1802 et en 1808. On publia de nombreux Mémoires pour prouver que les digues étaient la cause des inondations. Dans une crue subite du Danube, en 1812, un corps de deux mille Turcs fut noyé; en 1813, inondation terrible à la Louisiane, au Bengale, en Italie, en Hongrie, en Silésie, en Pologne, dans des pays en général très-boisés.

Nous pourrions étendre nos citations et tirer des conclusions, mais nous sortirions de notre cadre et dépasserions notre but.

INONDATION DE 1846.

C'est une tâche bien douloureuse que d'avoir à retracer le tableau des malheurs qui viennent de fondre sur une partie de la France, sur de riches contrées. Si nous l'avons entreprise, c'est que nous avons pensé que, dans un conflit de malheurs si grands, où tant de réparations sont nécessaires, il était de notre devoir de faire notre part et de porter le mince tribut que peuvent gagner nos efforts aux malheureux inondés.

Malgré tous les récits qui ont été faits sur la marche de l'inondation et sur les événements qui en ont été la conséquence funeste, il est impossible de se rendre bien compte des causes qui l'ont produite ; sa soudaineté a eu quelque chose d'effrayant et de terrible. Ce fléau, comme le cheval de l'Apocalypse, courait, renversait tout sur son passage, n'épargnant la dévastation et la mort que par des causes inexplicables comme son origine. Cependant, on croit généralement que cette épouvantable catastrophe qui vient de ravager dix départements, de plonger dans le deuil et la misère des populations naguère riches et heureuses, a pris naissance dans l'Allier. Cette rivière, grossie tout-à-coup par un orage violent et d'une grande étendue, aurait versé dans la Loire des masses d'eau considérables. Le haut cours de la Loire, accru lui-même par des pluies qui, sans être très-fortes, avaient été continuelles depuis quelques jours, se serait trouvé refoulé et changé en torrent remontant vers sa source ; en sorte que dans la partie en amont du confluent de l'Allier, comme en aval, deux courants contraires se seraient établis furieux, irrésistibles, brisant les digues, les barrages et s'élevant à une hauteur jusque-là inconnue, emporta les ponts les plus solides.

C'est le 17 octobre que le fléau a commencé à sévir sans que rien ait pu le faire soupçonner, sans que d'assez abondantes pluies aient pu le faire craindre... Cette circonstance extraordinaire nous a conduit à rechercher les causes des inondations précédentes. Nous avons voulu connaître à quelles influences atmosphériques on attribuait autrefois les inondations qui, peut-être aussi souvent que de nos jours, ont désolé les différentes contrées du globe, et c'est seulement dans Buffon que nous avons rencontré une opinion destinée, ce nous semble, à jeter quelques lumières sur les circonstances actuelles. Ce savant, essayant d'expliquer les inondations qui eurent lieu en 1750 en Gascogne et dans différentes contrées du midi de la France, les attribue à « l'affaissement de quelques montagnes dont le poids aurait fait refluer de vastes réservoirs d'eaux intérieures ; » nous pensons que cette explication peut renfermer quelque chose d'aussi vrai que l'accusation du déboisement des montagnes.

Si, adoptant l'opinion de Buffon, nous tentions d'expliquer

par un peut-être l'irruption spontanée des eaux de la Loire et de l'Allier, on nous accuserait certainement de présomption : aussi n'émettons-nous pas même un peut-être et nous contenterons-nous d'une simple question que les savants pourront laisser, s'ils le veulent, sans réponse. Voici cette question : Ne serait-il pas possible que les chaleurs prolongées de l'été, qui ont dû faire fondre une énorme quantité de neige, aient créé dans les flancs des montagnes de vastes réservoirs d'eau dont le poids immense, venant à percer soudainement une ou plusieurs issues, leur auraient donné accès dans les sources même de l'Allier et de la Loire ou dans le cours supérieur de ces rivières? A l'appui de cette idée, rappelons qu'à Roanne on a remarqué que la Loire, en plusieurs endroits furieuse et bouillonnante, poussée, refluée en sens contraire à son cours naturel, présentait des renflements qui ne sont en aucune façon expliqués. Sans doute les pluies abondantes ont été pour quelque chose dans l'inondation, mais tout le monde s'accorde à dire qu'elles auraient été mpuissantes à produire tous les effets signalés ; peut-être ont-elles été la cause déterminante, mais elles ne peuvent avoir été la cause directe, immédiate : elles ont fait crever l'outre, elles ne l'ont pas remplie, cela est certain.

C'est le 17 que l'on doit commencer à enregistrer cette série de catastrophes qui plongent le pays dans la stupeur et la désolation.

Dès le 17, l'Allier et la Loire, subitement grossis par les pluies et par des causes *inconnues*, se sont élevées à plus d'un mètre et demi de hauteur au-dessus du niveau ordinaire ; leurs eaux réunies roulaient avec fracas, comme dans les marées d'équinoxe roulent les flots de la mer ; leurs masses effrayantes venaient se briser en tourbillonnant contre les piles des ponts, puis, s'enflant et grossissant d'instant en instant, débordaient dans les villes et détruisaient les maisons ; puis, rompant les digues par lesquelles on avait forcé le cours du fleuve et laissant les ponts de côté, elles se précipitaient avec violence dans l'ancien lit du fleuve. A Roanne, l'hôtel des Flandres, la poste aux chevaux et un grand nombre de maisons sont abîmés sous les eaux. Voilà quels ont été les préludes de cette dévastation extraordinaire, dont nous allons essayer de raconter les phases diverses et les différents épisodes. Dès le 17, la plupart des routes qui traversent le département de l'Allier étaient impraticables, envahies par les eaux ; les courriers et les voitures publiques étaient obligés de suspendre leur route. Entre Lyon et Bordeaux, les communications étaient impossibles, et ces deux villes, dont les intérêts commerciaux sont si importants, les relations si fréquentes, ont été, de l'une à l'autre, pendant plusieurs jours privées de toutes communications.

Presque au même instant une partie du village d'Andrézieux était emportée, et des maisons qui le composaient il ne restait que quelques pierres et les cadavres de nombreuses victimes. Rien ne résiste au torrent déchaîné : les ponts de Saint-Just, de Balbigny, de Montrond, de Barret sont détruits ; celui de Pertuiset, dont le tablier, très-élevé au-dessus des eaux, semblait défier le fléau, est gravement endommagé et menace ruine. Le pont de Feurs, indispensable à la communication entre Lyon et Bordeaux, va devenir le théâtre d'un drame lamentable dans lequel six personnes vont demeurer englouties : nous en retraçons plus loin les détails. Dans tout le parcours de la Loire depuis Roanne jusqu'à Orléans, ce ne sont que désastres de tout genre ; des villages entiers sont submergés ; les habitants, réfugiés sur le toit de leurs maisons, voient ce dernier asile, incessamment miné par les eaux, s'écrouler sous eux, et périssent au milieu des décombres de leurs frêles habitations. D'autres, du haut des monticules où ils se sont retirés, voient, sans pouvoir sauver un grain de blé, un peu de paille, leurs provisions d'hiver, leur petite fortune, tout ce qu'ils ont amassé au prix des plus durs labeurs, tout ce qu'ils ont épargné au prix de mille privations, s'engloutir pour jamais ; leurs bestiaux noyés, les instruments de leur travail, leur provision de pain, leurs vêtements, tout disparaît à leurs yeux, et, dénués de tout, sans abri, sans nourriture, exposés aux injures de l'air, entourés de leurs enfants qui demandent le pain accoutumé, de leurs femmes en pleurs, ils doivent s'estimer heureux si le fléau leur laisse la vie, si le torrent ne monte que jusqu'à leurs pieds. Jamais tortures plus violentes, angoisses plus douloureuses n'assaillirent l'humanité ; jamais malheurs plus lamentables ne vinrent fondre inopinément sur des contrées naguère florissantes, naguère heureuses. Comme font tous ceux qui cultivent la terre, on accusait bien un peu la fécondité parcimonieuse de certaines contrées, mais on rendait justice à l'abondance des produits des vignobles ; l'on se consolait et l'on faisait taire les regrets en pensant à la qualité qui ferait rechercher les vins de l'année et qui leur donnerait un prix élevé.... Hélas ! ces calculs de compensations ne sont plus possibles ; une affreuse et froide réalité a remplacé ces illusions si douces aux fermiers, aux propriétaires. Pour les riverains de la Loire, il n'y a plus de récolte ; pour eux, l'année n'a pas eu de fécondité ; elle n'a que des ruines ! L'hiver, un hiver affreux peut-être, s'avance, et il faudra le traverser sans autre compagnon que la misère, la nudité, au milieu d'un pays dévasté où l'on ne rencontre que des toits écroulés ! C'est affreux à penser, c'est une poignante douleur pour nous qui écrivons ; c'en sera une aussi pour nos lecteurs, pour la France, pour le monde, car dans ces malheurs il en est d'irréparables.

Andrezieux. — C'est dans la soirée et dans la nuit du samedi 17 octobre que la crue de la Loire s'est déclarée avec la promptitude de la foudre. Le village d'Andrezieux a été bouleversé de fond en comble. Les eaux se sont élevées à un niveau tel que les habitants les plus âgés du pays n'en avaient jamais vu de semblable, et qu'ils n'avaient jamais entendu dire qu'il y en ait eu de pareils, bien que de nombreux désastres aient affligé ce pays avant et après la crue de 1789. La plupart des maisons d'Andrezieux, construites en pisé, se sont écroulées dans la Loire. Le pont en fil de fer, suspendu au-dessus de la Loire, a été emporté ; il ne reste plus qu'une pile, une culée et quelques câbles en fer. Le chemin de fer de Saint-Étienne à Andrezieux a été coupé. Les rails sont littéralement corrodés, bouleversés, et gisent pêle-mêle sur le rivage. Les entrepôts de charbon et les dépôts de bois ont été entraînés par le courant. Des arbres déracinés couvrent la plaine d'Andrezieux, où l'on n'aperçoit qu'un vaste amas de sable, de pierres, de graviers et de débris de toute espèce. Les wagons du chemin de fer qui se trouvaient près de l'embarcadère ont été renversés par la violence des eaux et enfouis dans la vase. Toute la partie basse a été emportée. La caserne de gendarmerie, sur la gauche, n'est plus qu'un amas de ruines.

On raconte des traits de dévouement admirables de la part de plusieurs mariniers qui se sont exposés avec un courage extraordinaire pour arracher un grand nombre d'habitants à une mort certaine. On évalue à soixante le nombre des hommes, des femmes et des enfants qu'ils ont sauvés. Nous regrettons de ne pouvoir citer les noms de ces braves gens, mais sans doute que la reconnaissance publique ne tardera pas à nous les révéler; sans aucun doute aussi, l'administration saura apprécier leur héroïsme.

Personne n'a péri ; tous les approvisionnements de charbon ont été enlevés, ainsi que les bâtiments chargés de houille. Le pont a une arche détruite. Une petite partie du chemin de fer est endommagée.

Saint-Just. — Le pont suspendu a été entièrement entraîné.

Saint-Rambert. — Tous les bateaux en construction, d'autres prêts à être livrés et de grands approvisionnements de bois sont perdus.

Aux environs de Brioude, un village tout entier, celui de Cobade, a été submergé et détruit. Heureusement, aucun des habitants n'a péri.

D'affreux malheurs sont arrivés à Roanne.

Tout un quartier de cette ville, c'est-à-dire cent douze

maisons, ont été détruites dans la nuit du 17 au 18. La digue qui formait une nouvelle issue à la Loire et qui la dirigeait sur le port neuf a été rompue, et l'eau, en se précipitant dans son ancien lit, a produit d'immenses ravages.

Toutes les écluses du canal se trouvant emportées, le fleuve et le canal ne font qu'un. En un mot, les désastres sont incalculables. Par mesure de prudence, un détachement de cent hommes a été expédié de Saint-Étienne à Roanne. Toutes les marchandises, qu'on évalue à un million, et qui se trouvaient dans le canal de Digoin, ont été entraînées. Entre autres marchandises détruites sans retour, on compte 1,000 pièces d'eau-de-vie à 800 fr. chacune, 1,500 pièces de vin, 380,000 mille francs de charbon du chantier de MM. Premier et Latu et presque autant de celui de M. Boëg de Fourchambault. Les maisons Lebarre, Pavy, Baleuzet, Mahaut, etc., ont fait également de grandes pertes.

La plus haute crue des eaux de la Loire dont on garde le souvenir date de 1789, mais celle du 17 au 19 octobre 1846 aura eu le funeste avantage de la dépasser de 1 mètre 50 centimètres!

Le nombre des morts est considérable. On parle de quarante personnes dont on aurait à déplorer la perte. Des bandes de maraudeurs montagnards sont venues fondre sur les marchandises et les objets mobiliers sauvés des eaux. L'intervention de la force armée a été nécessaire pour arrêter ces sauvages dévastations. Telle était l'audace de ces éhontés voleurs que la troupe a été obligée de faire feu sur eux pour les mettre en fuite.

Voici le relevé officiel fait par l'autorité des désastres

occasionnés dans le département de la Loire par le débordement des eaux. Nos lecteurs seront heureux de reconnaître, en lisant, qu'il y avait eu beaucoup d'exagération dans le chiffre des cas de mort précédemment donné par les correspondances et les journaux du pays.

Aux environs de Roanne, deux ou trois personnes ont péri. Quinze cents ont perdu leurs habitations, détruites au nombre de cent vingt environ. Mille sont logées et nourries à l'hôpital de Roanne et dans l'établissement de bienfaisance *le Phénix*. Les dommages matériels sont énormes pour l'État et les particuliers. La digue d'enceinte et la chaussée sont rompues. On ne communique plus entre Roanne et le coteau qu'au moyen de bateaux. L'entreposeur des tabacs a perdu pour 83,000 fr. de tabacs. Le canal de Roanne à Digoin est endommagé, mais beaucoup moins qu'on ne le pensait. Le fleuve a emporté un nombre considérable de bâtiments chargés de vin, d'eau-de-vie et de houille. Le passage est interrompu à Pouilly par la dégradation de la chaussée, mais le pont est intact. Une arche du pont suspendu d'Hégully est détruite.

Commune de Balbigny. — Trente-huit maisons sont détruites, une personne a péri.

Commune d'Épercienne. — Quarante-sept maisons se sont écroulées.

Commune de Feurs. — Outre la mort des cinq voyageurs de la diligence de Clermont, on a à déplorer la perte d'une jeune fille de 18 ans et de trois enfants qui avaient été confiés à sa garde. Au moment où il allait relever les cadavres le greffier du juge de paix est mort lui-même subitement.

Nous empruntons au *Mercure ségusien* la narration de l'épisode suivant :

« Lorsque la crue des eaux eut surpris les habitants de Saint-Just et de Saint-Rambert, ceux-ci se jetèrent dans les nombreux bateaux qui couvraient le port pour les disputer à la fureur du fleuve ; ils furent en peu de temps poussés sur le pont d'Andrezieux, où ils essayèrent de s'amarrer aux piles et aux câbles. Des secours leur arrivèrent, et ils purent croire un instant leurs bateaux sauvés, mais la culée du pont ayant cédé, les bateaux furent entraînés avec le tablier. Cinquante-deux personnes se trouvèrent cernées par l'eau sur la culée. Il était une heure après midi. Des moyens de sauvetage furent promptement organisés, et, chose étonnante, parmi ces cinquante-deux personnes, toutes également empressées de sortir d'une position périlleuse, les femmes, les enfants, ceux qui ne savaient point nager passèrent les premiers. On fit ainsi plusieurs voyages qui devenaient successivement plus dangereux. Le dernier surtout fut admirable de dévouement et d'intrépidité. La Loire était à son maximum de hauteur ; il paraissait impossible de pouvoir arriver jusqu'au pont ; à chaque instant, la légère embarcation était menacée par le tourbillon des vagues, par les buttes, les arbres, les planches que la Loire charriait en grand nombre et qu'il fallait éviter avec le plus grand soin. L'adresse et le sang-froid ont vaincu, à l'allée comme au retour, ces obstacles qui paraissaic insurmontables, même aux mariniers les plus expérimentés, qui craignaient tellement une catastrophe qu'ils se tenaient en dessous du pont, à des distances diverses, pour porter secours à leurs camarades dont ils prévoyaient le naufrage.

Les pertes en denrées et marchandises ont été d'autant plus fortes que le débordement est survenu juste au moment où, dans tous les ports de la rivière, les bateaux chargés de fruits, de vins, de charbons attendaient la crue périodique d'octobre pour descendre. Aussi n'est-il encore possible que de les apprécier d'une manière approximative, parce que beaucoup de dommages essuyés par des particuliers restent ignorés et ne seront relevés que plus tard.

Provisoirement, voici les sinistres constatés le 18 octobre et parvenus à notre connaissance en ce moment :

Le pont d'Auzon enlevé ; les casernes, les magasins, l'étendage, la moitié d'un four des verrières de la limite de la Haute-Loire emportés.

Au port de la Tope et du Feu, 1,500 à 2,000 voies de charbon, et au port de Bouzor 800,000 hectolitres de coke entraînés ; au même port, douze bateaux chargés perdus, et huit vidanges perdues ou échouées sur les graviers.

Dans les ateliers de Vezezous et de Jumeaux il ne reste plus ni bateaux ni bois.

A Brassaget, l'inondation a causé des malheurs plus grands encore, parce qu'il y en a d'irréparables ; deux hommes ont été écrasés par l'éboulement d'une maison, et dans le même village onze constructions, en aval et en amont du Gros-Menil, ont été renversées par les eaux. Le mur de clôture du pont a été enlevé sur 40 mètres de longueur ; 150 à 200 voies de charbon ont été perdues.

Dans le village de Pertus, plusieurs maisons ont été emportées aussi par les eaux ; la gendarmerie s'y était transportée.

De Pertus aux Martres-de-Veyre, nous n'avons plus d'informations sur les ravages de la rivière ; mais nous savons qu'aux Martres et plus bas, l'Allier avait envahi les fermes et s'était répandu dans la plaine de Lavor, dont on considérait les bestiaux comme perdus.

A côté de cette longue énumération de calamités qui se feront si douloureusement sentir à l'approche de la mauvaise saison, nous sommes heureux de pouvoir placer le récit de quelques traits de courage et de philantrhopie qui consolent l'esprit attristé par ce spectacle de désolation.

Un fermier de la plaine de Lavor, M. Nicolas, placé sur la rive du fleuve, épouvanté par les formidables grondements des vagues, avait envoyé ses domestiques reconnaître les progrès de la crue, mais il ne tarda pas à les voir revenir tout alarmés. « Ah! Monsieur, la rivière nous poursuit! » s'écrièrent-ils avec une effrayante et énergique simplicité. Aussitôt on se mit en devoir de diriger les bestiaux sur les Martres pour en opérer le sauvetage ; mais, comme l'avaient annoncé les éclaireurs, la rivière les avait poursuivis et atteints, de sorte qu'aventurés dans cette plaine submergée, ils furent obligés de s'accrocher à la queue de leurs bestiaux, qui, guidés par leur instinct, conduisirent leurs conducteurs aux Martres. Arrivé là et placé hors de tout danger, un des domestiques de M. Nicolas, nommé Charles, s'effraya de celui que pourrait courir son maître dans une ferme isolée, hors de tout secours et seul, au milieu de la nuit ; n'écoutant que son courage, il s'élance de nouveau à travers les eaux qui couvraient la plaine, et parvient à la ferme, dont les chambres étaient envahies par les eaux, qui s'élevaient à la hauteur d'un mètre dans l'intérieur de la maison et montaient de moment en moment. Toujours calme et infatigable, M. Nicolas employa la nuit à transporter dans les greniers les menus bestiaux qu'on n'avait pu lancer à travers la plaine, et quand le jour vint, du haut des étages supérieurs où il s'était réfugié lui-même avec quelques autres personnes demeurées dans la ferme, il put reconnaître que tout espoir était perdu si la crue ne venait à s'arrêter.

Ils eurent pourtant bientôt la douce surprise d'un secours inespéré. Le matin, aux Martres, on s'était ému du sort qui paraissait réservé aux personnes renfermées dans la ferme de M. Nicolas. Un honorable et courageux citoyen, M. Bravard Parades, après avoir vainement cherché pendant quelque temps à déterminer quelques mariniers à l'y conduire, se jeta dans une barque qui venait d'arriver d'un autre point, et entraînant cette fois par son exemple ceux que ses paroles n'avaient pu persuader, il se dirigea sur la ferme, où il ne parvint qu'avec beaucoup de peine et après beaucoup d'efforts. On ne put décider M. Nicolas à profiter le premier de ce secours; comme la barque ne pouvait emmener tout le monde à la fois, il fit placer des enfants, des femmes, et resta seul avec son fidèle et dévoué Charles. Mais le succès d'une première tentative avait enflammé la généreuse ardeur de M. Bravard, et, après avoir heureusement débarqué ses passagers, il voulait retourner prendre M. Nicolas et son domestique; un autre habitant des Martres, M. Tixier-Brunel, lui disputa ce périlleux honneur, et le même succès couronna le même dévouement et le même courage.

Après cette consolante diversion, reprenons la série des

calamités occasionnées par cette crue, la plus épouvantable qu'on ait vue depuis l'année 1790.

A Pont-du-Château, les dommages ont été considérables ; on ne les évalue pas à moins de 60,000 fr., tant en charbon qu'en autres marchandises entraînées par les eaux : la gare du port a beaucoup souffert, et les vagues battaient avec tant de force les piles du pont de pierre que l'on interdisait le passage même aux piétons, parce qu'on s'attendait à chaque instant à le voir emporter par les eaux.

A Crevant, l'Allier a enlevé comme une feuille de papier le tablier du pont suspendu.

A Vichy, il a renversé six travées et cinq palées du pont en charpente, et, s'il faut en croire quelques correspondances, les ponts de Chazeuil, Lapalisse et Dampierre.

Dans la nuit du 17 au 18, signalée par les ravages de l'Allier, une crue subite considérable s'est déclarée sur la Dore et la Durolle avec tant d'impétuosité, que le postillon du briska venant de Lyon, en remontant par la traverse de la bergère, a été entraîné par les eaux avec ses trois chevaux près du pont du Moutier, sous Thiers même, à la vue de son maître de poste et de la population, qui n'ont pu le secourir.

Plusieurs maisons ont été renversées, et l'on ne peut savoir tous les autres malheurs que l'on a à déplorer.

Catastrophe du pont de Feurs, sur la Loire. — Ces détails nous sont donnés par un des acteurs de ce drame sinistre :

« Nous étions onze dans la voiture, dix hommes et une femme. Quatre heures de l'après-midi sonnaient quand nous quittions Feurs. Le pont de Feurs était couvert de spectateurs qui regardaient mugir les flots contre ses piles. La Loire était effrayante ; la route au-delà du pont était inondée sur une vaste étendue. Toutes les personnes que nous rencontrions nous criaient de ne pas nous hasarder à traverser le torrent que nous avions déjà devant nous. Nous étions indécis, quand un inspecteur qui faisait partie des voyageurs nous dit : « Il y a à peine deux heures que j'ai franchi ce passage, il n'y a rien à craindre ; fouettez, postillon ! » Le malheureux a payé de sa vie son fatal conseil ; il est mort, nous ne lui en voulons pas.

» Nous avions à peine fait quelques dixaines de pas dans l'eau, d'une rapidité effrayante, que les chevaux s'arrêtèrent. La voiture s'embourbait, les roues de droite s'enfonçaient rapidement dans les flots, qui les submergeaient presque entièrement. La position devenait critique : avancer nous était impossible ; reculer, il n'y fallait pas songer. Le torrent augmentait de volume et de force. Le postillon essaya de descendre sur la route ; mais la force du courant était telle que, s'il eût lâché la voiture, il eût été infailliblement entraîné dans le gouffre que nous voyions à deux pas de nous, au bas de la route. Cependant, à force d'efforts, nous parvînmes à passer, en lançant de toutes nos forces une mince corde derrière un gros arbre, en amont du courant ; nous recommençâmes cette manœuvre quatre fois, quatre fois elle réussit si bien que notre corde quatre fois doublée nous servit à attacher le haut de la diligence afin de la tenir en équilibre. La fureur du torrent croissait toujours.

» Nous restâmes dans cette cruelle position jusqu'à la nuit close.

» Il était impossible de nous porter du secours. Un bateau monté de sept hommes ne put jamais nous aborder ; il chercha lui-même son salut en allant s'amarrer à un arbre voisin, lieu où il passa la nuit.

» Tout sur le rivage, tout dans la voiture était dans la consternation.

» Les chevaux commençaient à être entraînés ; la nuit était déjà noire lorsqu'un voyageur de Lyon, M. H. Brémont, coupa les traits de l'un des chevaux, prit en croupe avec lui un jeune homme, et commença son périlleux sauvetage.

» Nous le vîmes partir. A trois pas, le cheval s'abattit ; l'habile écuyer le releva promptement. Deux pas plus loin, hommes et cheval, tout disparut dans un tourbillon. Nous poussâmes un cri d'horreur. M. Brémont se dégagea habilement de dessous le cheval, et suivit à la nage le courant qui le portait comme un trait dans la Loire ; heureusement il put saisir les branches d'un arbre et s'y cramponner. Il passa ainsi la nuit. Quant à son compagnon, il n'a jamais reparu. Ce fut la première victime.

» Notre sort ne s'améliorait pas. Les chevaux avaient été successivement entraînés. La diligence obliquait épouvantablement à droite, poussée par les flots. Nous n'étions plus retenus que par notre corde, lorsque la dame, qui était restée dans le coupé avec M. le curé de Sail-sous-Couson, nous cria de la hisser près de nous, qu'elle se noyait.

» Le conducteur et l'inspecteur lui lancèrent une corde que le prêtre lui enlaça autour du corps, et bientôt commença la déplorable ascension qui activa la rupture de la corde, notre seul soutien. En effet, le poids de la dame suspendue sur l'abîme et celui des deux hommes qui la soulevaient détermina la chûte de la diligence et la leur : tous trois disparurent pour ne plus reparaître. Le prêtre, au moment où la voiture tourna, s'élança par la portière de gauche, alors au-dessus des flots, saisit les courroies de la bâche et parvint à se fixer sur le flanc de la voiture entraînée à la dérive. Un voyageur, jeune homme de Limoges, au moment de la culbute, s'accrocha en désespéré à ma jambe, qu'il étreignit fortement. Je ne tenais plus qu'une faible lanière, et j'allais être emporté quand M. le curé, me saisissant au bras, m'attira, aidé du postillon, près d'eux. Quant au jeune

Limogeois, épuisé sans doute par la fatigue, il me lâcha avant qu'on eût le temps de le secourir, et fut la cinquième victime.

» Quant à nous autres, toujours entraînés par le courant, nous allâmes heurter un arbre qui se déracina ; ce fut alors que l'avant-train de la voiture nous abandonna. Nous continuâmes notre marche descendante vers la Loire. Nous fîmes environ 800 mètres. Par un hasard providentiel nous dérivâmes un peu et vînmes nous arrêter contre deux arbres qui résistèrent.

» J'ai passé cette nuit terrible à genoux sur une corde et tenant embrassés le postillon et le prêtre... »

La Charité (*Nièvre*). — La Charité a beaucoup souffert de l'inondation. Un grand nombre de marchandises ont été emportées. Heureusement on n'a eu aucun cas de mort à déplorer.

Le pont de pierre n'est point tombé, comme on l'avait d'abord dit, mais une forte fissure s'est déclarée à une des arches.

De toutes les communes voisines de La Charité, sur la rive gauche de la Loire, celle qui est le plus maltraitée est la commune d'Héry. Sur presque toute son étendue, le mobilier, les récoltes et les bestiaux sont perdus.

Les digues du canal sont rompues comme celles de la Loire, de sorte qu'au pied même d'Héry l'eau s'en échappe comme un torrent et achève de ravager ce que la Loire a épargné.

A Saint-Thibault, de grands malheurs sont à déplorer. Trois hommes ont péri.

En l'absence de monseigneur l'évêque de Nevers, MM. les grands-vicaires-généraux ont ordonné qu'une quête en faveur des victimes de l'inondation ait lieu le jour de la Toussaint, à la grand'messe, dans toutes les paroisses, annexes et chapelles du diocèse.

Les dragons du 11ᵉ, dont la conduite a été admirable, ont voulu ouvrir entre eux une souscription en faveur des inondés. La collecte de ces braves militaires s'est élevée à 79 fr. 65 c.

Au Guétin, on a trouvé au sommet d'un peuplier le cadavre d'une femme embarrassé dans des branches.

Une jeune fille, qui était restée abandonnée sans vivres et sans secours dans le grenier d'une maison, n'a échappé à la mort que pour un malheur plus grand peut-être encore : la malheureuse est folle.

Samedi soir, on a recueilli près des débris d'un moulin les cadavres de deux batteurs en grange.

« La plume a peine à tracer un tableau aussi douloureux : ici ce sont des malheureux montés sur le toit de leurs maisons, en appelant au secours ; là, une femme avec ses enfants tendant les bras aux braves matelots qui s'empressent de voler à leur secours ; plus loin, une scène non moins douloureuse s'offre aux regards des spectateurs terrifiés : ce sont de jeunes enfants au berceau que le courant entraîne pendant leur sommeil ; d'un autre côté, ce sont des bestiaux emportés par le torrent.

» Ce qu'il y a de plus terrible, c'est l'impossibilité où se trouvent nos intrépides matelots et beaucoup d'hommes courageux de pouvoir aller au-devant de tous les malheureux qui demandent du secours. Le courant est tellement rapide, que plusieurs barques dirigées par quelques-uns de ces hommes généreux ont été renversées, et ils ont été obligés, pour échapper à une mort certaine, de monter sur les arbres qu'ils rencontraient sur leur passage en demandant eux-mêmes du secours.

» Plusieurs bateaux qui transportaient les enfants des écoles des sœurs de la Sagesse de Saint-Marceau ont chaviré, et ces pauvres malheureux enfants allaient infailliblement être entraînés par le courant sans les efforts que firent les matelots et quelques jeunes gens spectateurs de cette scène, qui n'ont écouté que leur courage en se jetant à la nage pour voler au secours de ces petites infortunées.

» A l'heure où nous écrivons, dit la même feuille, *les eaux semblent s'accroître encore*, et on nous apprend qu'une barque vient de chavirer sur le milieu de la rue Dauphine, et que les huit personnes qui étaient dedans ont péri. A chaque instant, nous apprenons de nouveaux malheurs. »

Dans la nuit du 18 au 19, vers les trois heures du matin, la Loire est venue tout-à-coup, avec impétuosité, assaillir toute la partie basse de la ville de Nevers, après avoir couvert l'immense vallée qui s'étend devant la ville. Un grand nombre d'habitants, surpris au milieu de leur sommeil, ont à peine eu le temps de fuir en jetant l'alarme dans la haute ville.

Alors un spectacle affreux s'offrit à tous les yeux. La Loire et la Nièvre confondues ne formaient plus qu'un lac immense sous lequel avaient disparu les faubourgs de Mouësse, de Nièvre et de Loire, et qui s'étendait jusque sur les hauteurs de Plagny, après avoir inondé la route royale et passé par-dessus le canal latéral. Ça et là flottaient, entraînés par les eaux, des bois de chauffage et de construction, des arbres arrachés de terre, des bestiaux enlevés dans les pâturages et des amas de débris de toute espèce. Dans le lointain, on entendait des coups de feu et les cris de détresse des malheureux qui demandaient du secours.

Grâce aux efforts des autorités et à l'empressement admirable de la population, des secours furent en un instant improvisés. Déjà toute la garnison se trouvait rassemblée à peu de distance du théâtre du désastre. La première opération tentée fut celle du sauvetage de la population du faubourg Saint-Antoine et des personnes renfermées dans les habitations les plus éloignées dans la campagne. Les deux bateaux à vapeur faisant le service de Digoin à Nevers furent employés à cette seconde partie du sauvetage. On n'évalue pas à moins de six cents le nombre des personnes que ces deux bateaux ont recueillies de maison en maison, dans le cours de la journée. Plusieurs de ces malheureux semblaient avoir perdu la raison sous l'empire de la terreur et du désespoir.

De leur côté, les braves militaires du 57e de ligne, ayant de l'eau jusqu'à la ceinture, aidaient, au péril de leur vie, les habitants du faubourg Saint-Antoine à sauver les femmes, les enfants et les objets les plus précieux. On assure qu'on a eu à déplorer, sur ce point, que la perte d'un enfant, que l'on n'a pu parvenir à sauver, malgré les efforts les plus héroïques.

A une lieue de là, *au Guétin*, se trouvaient, dans une situation désespérée, tous les ouvriers du chemin de fer, qui, outre les dangers que leur faisait courir l'inondation, se trouvaient sans aucune espèce de nourriture. Un bateau à vapeur est parti pour porter des vivres à ces pauvres gens, dont on ignore encore le sort.

L'extrême solidité du pont de Nevers l'a mis à l'abri du danger, mais le pont suspendu de Fourchambault a beaucoup souffert. Un détachement de dragons avait été envoyé dans cette localité, où heureusement on n'a pas eu d'accident à déplorer ; mais de l'autre côté du pont, du côté de Givry, d'où l'on entendait des cris déchirants de détresse, on ne doute pas qu'il n'y ait eu de grands malheurs.

A la date du 20, les eaux commençaient à se retirer ; la circulation s'était rétablie dans quelques quartiers submergés de Nevers, et bientôt l'on connaîtra l'étendue des pertes immenses que l'on aura à déplorer.

Cosne, 22 octobre. — Dès dimanche, la Loire grossissait à vue d'œil ; on disait que cette crue était causée par l'Allier seulement, mais on avait à redouter celle du fleuve lui-même.

En effet, le lundi, la rapidité du courant augmenta sensiblement, et les quais furent entièrement submergés. Vers midi, le fleuve commençait à charrier une grande quantité de bois de toute nature, des charbons, des vins en cercles, des meubles ; il en fut de même toute la soirée et probablement toute la nuit. Une femme, des bestiaux furent emportés par le courant.

Cependant les eaux montaient toujours ; elles croissaient avec la rapidité énorme de 25 à 30 centimètres par heure !... On s'était bien garanti contre les effets d'une crue ordinaire, mais tout devint impuissant en présence de l'effrayante masse d'eau qui menaçait.

Dans l'après-midi, la générale se fit entendre ; les marchandises déposées sur le port étaient menacées. On les chargea fortement, mais cette mesure ne les préserva pas.

Toute la population, inquiète, agitée, se porta en foule sur les ponts et à tous les abords des quais, suivant avec anxiété le progrès des eaux. On reconnut alors l'insuffisance des précautions prises : les maisons qui avaient servi de dépôt aux objets enlevés des maisons qu'on avait été contraint d'abandonner furent bientôt elles-mêmes envahies. Vers le soir, la rapidité du fleuve devint de plus en plus effrayante.

Le petit pont donnait de sérieuses inquiétudes, un affaissement s'était opéré au bas d'une des culées; on se hâta d'y faire une jetée de pierres.

A neuf heures, la générale battit de nouveau, le pont était encore menacé. — Quelques personnes bravant l'obscurité et le danger, se dirigèrent sur ce point, où une nouvelle jetée de pierres et de pavés eut lieu en tête de la pile opposée à la pile garantie dans la soirée. Les domestiques de M. de Vogué, et M. Vogué lui-même, qui ne cessa d'encourager et de seconder les travailleurs, vinrent se joindre aux personnes venues de Cosne. Celles-ci allaient être obligées d'abandonner le terrain lorsque les eaux, se frayant un passage sur la levée de Bannay, se précipitèrent avec impétuosité dans tout le val du Berry. Il était alors dix heures et demie, les matériaux manquaient, les dangers pouvaient devenir plus grands, la levée de jonction des deux ponts étant elle-même menacée, coupait toute retraite ; on se détermina à regagner la ville.

Entre onze heures et minuit, un craquement épouvantable se fit entendre : deux bateaux chargés de 100 à 150,000 kilogrammes de plâtre, amarrés à quelques mètres en aval du pont, brisant leurs commandes, sombrèrent et s'engloutirent dans les flots. A cette heure, les eaux avaient dépassé d'un mètre la crue de 1790, et de 30 à 40 centimètres celle de 1655 selon les uns, ou de 1668 selon les autres, la plus considérable de toutes celles dont on ait gardé le souvenir.

Mardi, au petit jour, un rabais de 30 à 40 centimètres avait eu lieu; on l'attribua à la rupture de la levée, qui avait cédé dans trois endroits.

Cependant les eaux, qui avaient reflué dans tous les quartiers bas de la ville, minaient les murs et les habitations; on suivait avec terreur les lézardes qui se manifestaient. Tout à coup un mur de clôture s'écroule, peu après une maison, puis un magasin; ils couvrent de leurs décombres des meubles et une partie de l'approvisionnement de l'un des boulangers: ceci avait lieu près de la mairie. — A peu de distance, les sœurs de l'hospice, justement alarmées du tassement des murs de leur demeure, du craquement des croisées et du bris des vitres, firent transporter leurs malades dans une autre maison et se retirèrent elles-mêmes; plusieurs voisins suivirent cet exemple.

Entre midi et une heure, on apprit que les chaînes du petit pont, cédant à la puissance des eaux, s'étaient rompues.

Ici comme à Sully, comme à La Charité, comme dans tout le littoral où a régné le fléau, on pourrait citer un grand nombre de traits de dévouement et de courage; la rapidité avec laquelle nous écrivons ne nous permet que d'en citer quelques-uns. Vers le milieu de la nuit de lundi à mardi, alors que le fleuve était arrivé à son plus haut degré d'élévation et de rapidité, au moment où plusieurs grands bateaux chargés et non chargés étaient emportés en dérive, des cris de détresse se font entendre. Le jeune Alexandre Couloy, sourd aux exhortations de sa mère, et n'écoutant que son courage, se jette à l'eau, gagne une barque et se porte dans la direction d'où partent les cris. Là, il saisit deux hommes tombés à l'eau, luttant contre la mort, et les dépose sains et saufs sur la rive.

Le lendemain, le même Alexandre Couloy, les nommés Brochard, Quillier-Caristaut, tous mariniers, et Auguste Bouquet, sabotier, informés que le château du Pezeau et le hameau de Rognon étaient entièrement submergés, montent une barque, et, après de dangereux efforts, abordent ces deux endroits, où ils donnent tous les secours qui étaient en leur pouvoir.

Dans la soirée, M. de Vogüé, apprenant qu'il restait encore dans ce hameau un certain nombre de personnes, fit monter deux de ses gens dans une petite barque, y monta lui-même, et se porta à leur aide. Il les avait toutes réunies, et on allait s'éloigner, quand le bateau, rencontrant un obstacle, chavire et les précipite dans l'eau. L'un des naufragés, père de quatre enfants, a les deux jambes brisées par l'embarcation, et se noie. Les autres s'accrochent aux arbres et à tout ce qui s'offre à eux : c'est ainsi que, mouillés, transis de froid, ils passent la nuit, soutenus par les exhortations de M. de Vogüé, qui, oubliant ses propres souffrances et les dangers qui l'entourent, ne songe qu'à ranimer le courage de ceux qu'il est venu secourir. Ce n'est que mercredi, à neuf ou dix heures du matin, qu'ils ont été délivrés par les mêmes hommes que nous venons de nommer, et qui étaient venus porter des vivres aux Pezeau.

Ces actes parlent assez haut d'eux-mêmes, pour que nous nous croyions dispensés de faire ressortir tout ce qu'il y a d'honorable dans la conduite et du simple marinier et de l'homme placé au faîte de la fortune, qu'un même sentiment dirige, l'amour de ses semblables.

Sully (sur Loire), 24 *octobre :*

« L'annonce d'une crue importante dans les pays hauts parvint dans la journée du 19 à Sully, et aussitôt la Loire commença à monter, mais sans violence ; le soir elle atteignit la limite des grandes eaux d'automne. La nuit fut inquiétante, le fleuve montait toujours ; dès le matin du mercredi 21, toute la population riveraine s'occupa des mesures de précaution pour soustraire les bois et les matériaux déposés sur le rivage.

» Vers midi, les levées furent envahies ; mais à deux heures arriva la nouvelle que le fleuve avait brisé les digues au-dessus de Sully à trois endroits, à Lyns, aux Gorgeots et au Petit-Briou.

» En effet, le fleuve venait de se créer un lit nouveau derrière Sully qu'il envahissait avec rapidité, tandis que dans son ancien lit la fureur des eaux augmentait encore.

» Bientôt les levées qui protègent Sully, attaquées à-la-fois par devant et par derrière, durent céder à la violence des flots, et s'entrouvrirent sur trois endroits à la fois. Une mer tout entière vint fondre sur le quartier Saint-Germain, et en quelques minutes s'éleva à la hauteur de quatre à cinq mètres.

» Alors ce fut un désastre immense ; il était quatre heures du soir ; le fleuve montait toujours, les habitants, envahis subitement dans leurs demeures, durent se réfugier dans leurs greniers, qui bientôt furent atteints.

» Les maisons, fouillées dans leurs fondements, s'écroulaient avec fracas; les planchers de quelques autres plus solides étaient soulevés et retombaient en ruine.

» On voyait flotter sur le rivage des charpentes, des lits, des arbres entiers, des fragments énormes de maisons: sur les levées rompues, quelques malheureux, cherchant les points culminans, étaient comme dans une île, s'attendant à chaque moment à être engloutis.

» La nuit se passa au milieu de ces transes horribles, et, vers le matin du 21, le fleuve commença à baisser. C'est alors que l'on put se rendre compte des désastres de l'inondation, des maisons détruites, d'autres menaçant ruine, des familles entières réfugiées sur les levées, sans abri, sans meubles, sans bestiaux; voyant leurs terres transformées en un vaste lac, et de fertiles qu'elles étaient, changées en immenses steppes de sables, en ornières stériles. Heureusement notre pont n'a pas été emporté. Tant de dangers, tant de désespoirs engendraient les dévouements les plus généreux. La place manquera pour tous les faits courageux, pour tous les noms des auteurs de ces faits. Citons les noms de ceux qui se sont le plus distingués. Vers quatre heures, le 20, au moment de la rupture des levées de Sully, la voiture de Gien arrivait : les flots l'engloutirent; Massé se précipita au secours des voyageurs dont cette voiture était pleine, en sauva plusieurs, et perdit la vie en continuant des efforts plus grands que ses forces. Il laisse une veuve et trois enfants sans ressources.

» Au même moment, François Lecoq abandonne sa maison qui croulait pour porter secours aux mêmes voyageurs.

» A Saint-Père, en face Sully, où la levée avait pareillement crevé, Félix Boudin, retenu seulement par les pieds sur le toit d'un bâtiment, saisit dans le flot et ramène un malheureux dont la mort était inévitable.

» MM. Broutin, Avezard, Loiseau, Budin, Havet, Germain Vié, Eugène Bardin, vinrent chercher des malheureux isolés sur la toiture de leurs maisons ou sur des arbres, au moyen de frêles esquifs que le moindre choc d'une pièce de bois ou d'un tronc des arbres que charrie le fleuve, pouvait à chaque instant renverser.

» MM. Moroigne, Denonce, Rochard, Rancey, Aninen, Routhneur se signalent aussi par le courage pour secourir leurs concitoyens.

» D'autres actes, d'une nature différente, sont encore à enregistrer. L'eau avait envahi toutes les maisons, les fours étaient ou sous l'eau ou hors d'état de servir, la famine menaçante venait de se joindre au fléau de l'inondation, Mme Bruyère, à Cerdon, envoie immédiatement deux cents kilogrammes de pain; M. Mascré et tous les habitants aisés se constituèrent en permanence pour venir en aide à la classe de pauvre ou à ceux qui avaient tout perdu, et leur offrir un abri, du linge, des valeurs; nous tairons les noms, nous aurions à blesser trop de modesties.

» En résumé, dans notre malheureux pays, les fourrages et les récoltes de cette année sont entièrement perdus à l'entrée de la saison rigoureuse. Les terres d'une grande partie du Val sont ensablées et perdus peut-être à jamais, mais en tout cas la récolte prochaine est complètement ruinée.

» Nos voies de communication, nos levées sont détruites. Nous espérons que le gouvernement jettera un coup-d'œil sur notre affreuse situation et viendra au secours des classes pauvres par des indemnités en argent et des travaux, et par des allégements de contributions. »

Gien. — Nous puisons les faits suivants dans une lettre qui nous est communiquée :

« Gien (Loiret), 24 octobre.

» Malgré les avis réitérés, transmis par M. le préfet de la Nièvre des dangers imminents d'une inondation sans exemple dans notre pays, depuis 1789, les fermiers du Val de la Loire s'étaient contentés de faire conduire leurs troupeaux de moutons dans des fermes à mi-côte, aux environs de Gien, et nonobstant le premier avertissement, donné par un courrier, d'une crue de 7 mètres, puis d'une crue de 11 mètres, bon nombre de cultivateurs du Val persistaient dans une inconcevable sécurité, et vaquaient paisiblement à leurs travaux ordinaires.

» Tout à coup la triste réalité apparaît à leurs yeux. Une montagne liquide se précipite avec une impétuosité sans égale ; tout est envahi ; un lac immense couvre ces champs où les cultivateurs rentraient paisiblement leurs pommes de terre un instant auparavant. A peine a-t-on le temps de dételer les animaux et de se réfugier dans les combles des habitations. Une malheureuse femme enceinte est surprise par ce déluge partiel, trouve son salut en montant sur un arbre qui est à ses côtés et sur lequel elle éprouve les premières douleurs de l'enfantement. A ses cris, longtemps inutiles, une nacelle arrive enfin à son secours; deux hommes qui montaient cette fragile embarcation au péril de leur vie, reçoivent cette femme dans leurs bras, la conduisent à terre, et dirigent de nouveau leur esquif vers une ferme dépendant de la terre de Dampierre, où quinze malheureux, que personne n'ose secourir, appellent à leur aide et le ciel et la terre.

» Trois fois, en dépit des courants, la barque aborde heureusement à terre, amenant chaque fois quatre malheureux arrachés à la mort. Tout le monde pourrait être sauvé; trois personnes seulement refusent de s'embarquer et prient qu'on leur apporte du pain, de l'eau et de quoi faire du feu : c'est le malheureux fermier, sa femme et un enfant, qui veulent prévenir, si c'est possible, leur ruine complète, au péril de leur vie.

» Leurs vœux viennent d'être exaucés; leur existence est assurée pour quelques jours, et la barque revient sur la rive une dernière fois, quand tout à coup envahie par l'eau, elle chavire et disparaît. Deux corps roulent dans les flots; le rameur, qui ne sait pas nager, doit périr infailliblement; sa femme, ses enfants, les malheureux qu'il vient de sauver, toute la population de Dampierre accourue sur les bords du torrent, jettent des cris de détresse, quand son compagnon d'infortune, M. Béhague, riche propriétaire du voisinage, qui avait en quelque sorte forcé ce malheureux à partager les périls auxquels il s'exposait volontairement lui-même, au refus de tout autre de le faire à prix d'argent, parvient à le saisir et à le pousser sur un arbre aux branches duquel il s'accroche.

» Mais ce dernier effort avait presque épuisé les forces de cet homme courageux; en vain il essaie de s'accrocher à un autre arbre, le courant l'entraîne, il manque son but et disparaît.... à l'arbre suivant, mêmes efforts, même insuccès; enfin, au troisième, il est plus heureux; on le voit gravir avec peine de branche en branche; des acclamations le saluent; on espère qu'il n'y aura pas de victimes.

» Malheureusement, on ne tarde pas à s'apercevoir que, pour être moins imminente, la mort de ces deux hommes n'en est pas moins probable; une demi-lieue d'abîme infranchissable les sépare des assistants, la nuit vient d'arriver, nulle embarcation n'existe dans les environs, et, y en eût-il, personne n'oserait affronter le danger qu'ont couru quatre fois M. Béhague et son jardinier, et dont ils sont maintenant les victimes.

» Un seul homme que son saint ministère oblige à espérer toujours, le digne curé de Dampierre, dont la conduite fut angélique dans cette circonstance comme toujours, invoque la Providence, court au château, y fait atteler un chariot, et court au galop jusqu'à Gien, dans l'espoir d'en ramener des mariniers et un bateau.

» Vain espoir! ceux auxquels il s'adresse reculent devant une mort presque certaine; les femmes s'opposent à ce que leurs maris, harassés par une journée terrible, courent à de nouveaux dangers que la tempête et l'obscurité rendent plus redoutables encore. L'autorité intervient inutilement; elle est impuissante. Le prêtre seul espère encore; ce que n'a pu faire la menace, il l'obtient de son éloquence; deux braves mariniers se dévouent et le suivent; une barque est hissée sur le chariot qui parcourt à fond de train les quatre lieues qui séparent Gien du théâtre de l'événement.

» La nuit s'était presque écoulée; pendant onze heures qui durent leur sembler autant de siècles, les deux naufragés étaient restés suspendus au-dessus de l'abîme prêt à les engloutir, ballottés et gelés par d'affreuses bourrasques, quand tout-à-coup un point noir apparaît, des cris de joie se font entendre; les intrépides mariniers, dont nous regrettons de ne pas connaître les noms, ont recueilli glacés, mutilés et demi-morts de froid, de fatigue et de faim, les deux héros de la journée, qui sont reconduits triomphalement à Dampierre par tous les habitants du village.

» On a donc la consolation de n'avoir du moins à déplorer d'autre perte, dans cette fatale circonstance, que celle des objets matériels dont la valeur est immense à la vérité, mais dont l'appréciation exacte est encore impossible. »

Orléans. — Pour nous rendre compte de l'étendue de l'inondation, nous avons voulu tenter une excursion en barque dans ce qu'on appelle le Val. M. Tricot, inspecteur de la navigation, a bien voulu mettre des mariniers à notre disposition pour cette expédition. Nous sommes parvenus, non sans péril, et en faisant un long détour, par l'embouchure du Loiret, à gagner Olivet (qui n'est cependant qu'à 2 kilomètres d'Orléans par la route directe).

Mais pour bien comprendre la marche et les caractères du fléau dans cette contrée, il nous faut entrer dans quelques détails particuliers sur la situation des lieux : A huit ou dix lieues en amont d'Orléans, la Loire, à laquelle on a eu soin de ménager un large lit, est cependant encaissée par ce qu'on appelle les levées : c'est un endiguement formé par une large chaussée solidement construite en pierre et en terre, s'élevant à cinq ou six mètres. Cette chaussée, qui a pour but de protéger le pays contre les inondations du fleuve, sert en même temps de route. C'est un travail monumental digne des Romains, que ces levées, dont la construction remonte au règne de Louis XIV. Sur la rive gauche, elles suivent le cours du fleuve presque jusqu'à Nantes, ce qui prouve qu'il y a deux siècles, comme aujourd'hui, la Loire était redoutée pour ses habitudes dévastatrices. C'est qu'en effet, il faut le reconnaître, cette rivière, d'ordinaire si calme, aux allures en apparence si pacifiques et si débonnaires, et qu'en maints endroits on traversait encore, il y a un mois, à pied sec, n'en est pas moins le fleuve le plus capricieux et le plus terrible qui existe au monde.

Jusqu'à ce jour, les levées avaient toujours résisté à la plus grande violence des crues ; cette fois, pour la première, elles ont cédé sur plusieurs points (en amont et en aval d'Orléans) à l'impétuosité du courant ; la Loire s'est ouvert de larges trouées à travers cette digue, et a pu, dès lors, se répandre dans ce qu'on appelle *le Val*, c'est-à-dire le bassin du fleuve. A Orléans, ce bassin comprend le pays enfermé sur la rive méridionale entre les levées et les coteaux de la Sologne, qui seuls, ont arrêté le débordement ; cette contrée, qui n'a pas moins de trente à quarante kilomètres carrés, est le jardin de l'Orléanais ; tout le territoire était admirablement cultivé et faisait, deux jours auparavant, l'admiration des voyageurs ; la population de ce Val est considérable, les communes, au nombre de quinze à vingt, se touchent et représentent environ deux mille maisons habitées en général par les vignerons et les maraîchers ; c'est là aussi que les bourgeois d'Orléans possèdent, presque tous, leurs maisons de campagne, leurs *solognes*, comme on dit dans la ville même, villas qui ne le cédaient en rien, pour l'élégance, aux plus coquettes habitations des environs de Paris.

En quittant Orléans, les principales communes qu'on rencontre dans le Val sont Saint-Marceau, Saint-Jean-Leblanc, Olivet, Saint-Cyr-en-Val, Saint-Mesmin, Saint-Privé,

Vienne-en-Val, Sandillon, Cléry, Artenay ; puis, sur la rive droite, faisant suite au faubourg Bourgogne, qui est entièrement submergé, Saint-Denis, Saint-Hilaire, Jargeau, Legloy, etc. C'est à travers tous ces pays que nous naviguions ; vue des tours de Sainte-Croix, toute cette contrée n'offre plus que l'aspect d'une seule et immense nappe d'eau. On assure, du reste, que si les levées n'avaient pas crevé en amont d'Orléans, toute la ville était inondée, ce qui, après tout, eût peut-être été un moins grand malheur, car les maisons hautes et solidement construites, eussent offert plus de résistance que les habitations des paysans du Val.

Dans la nuit de jeudi, le chemin de fer a transporté, par des convois spéciaux, environ quatre-vingt barques et deux cent cinquante mariniers de la Seine. Malgré ce secours, le nombre des barques était encore insuffisant. Les mariniers de la Seine ont rivalisé de zèle et d'intelligence avec les mariniers de la Loire ; malheureusement ceux-ci seuls connaissaient assez les localité pour éviter les écueils. Or, les écueils ce sont les toitures des maisons, dans lesquelles s'embarrassaient les avirons !

Olivet présentait le plus curieux spectacle : toutes les diligences du midi de la France arrivaient successivement sur ce point et s'accumulaient sur la rive opposée du Loiret, en attendant que la communication pût se rétablir. Plus de deux cents voyageurs attendaient là, depuis le 21, les moyens de poursuivre leur route vers Paris. Hier soir, un remorqueur à vapeur s'est risqué jusque-là en remontant le Loiret, et est parvenu à charger à Saint-Mesmin quarante voyageurs et leurs bagages, ainsi que la malle-poste de Limoges, la seule qui soit passée par Orléans depuis le 21. Trois autres malles et huit diligences attendent encore le secours du bateau à vapeur. Les mariniers ont voulu tenter de passer quelques voyageurs à travers le Val, mais les difficultés sont trop grandes, et on a dû interdire ces tentatives imprudentes.

En suivant l'exploration, nous nous sommes dirigés vers la source du Loiret; là, nous avons été témoins des scènes les plus navrantes; malgré leur activité, les mariniers n'ont pu porter secours à tous ceux qui souffraient; il y a eu bien des malheureux oubliés dans la distribution des vivres : nous avons vu une mère et cinq enfants réfugiés depuis trois jours et trois nuits dans un grenier de leur habitation ; l'eau, en se retirant, avait emporté la toiture; ces malheureux étaient là, mourant littéralement de faim et de froid et n'ayant plus de voix pour implorer du secours et se faire reconnaître des mariniers. Ces infortunés ont été recueillis sous nos yeux, placés au fond d'une barque, entortillés de couvertures; on les a conduits à une caserne transformée en hôpital.

Ce qui distingue cette inondation des précédentes et l'a rendue si terrible, c'est la rapidité de la crue. Une estafette avait bien été expédiée par les préfets des pays hauts, et elle avait pu gagner de vitesse quelques heures sur la crue qui la suivait; mais ce temps n'a pas suffi ; on ne pouvait supposer, d'ailleurs, le renversement des levées; et, comme c'est pendant la nuit que le fléau est arrivé, les habitants du Val ont été, pour la plupart, surpris à l'improviste, quelques-uns même n'ont été réveillés qu'en sentant l'eau glacer

leurs membres. A deux heures du matin, le tocsin donnait
l'alarme ; mais il était trop tard, les degrés des escaliers
disparaissaient alors à vue d'œil, envahis par les eaux. Ainsi,
une dame Auriot, voyant l'eau monter le perron de sa maison, court à son secrétaire pour renfermer dans un coffre
ses valeurs les plus précieuses et les emporter avec elle en
se réfugiant dans les étages supérieurs, elle ramassait son
argenterie, son argent; mais l'inondation ne lui a pas donné
le temps de renfermer le coffre, qui a été emporté. On espère retrouver l'argenterie dans la vase, mais deux billets de
banque d'Orléans sont perdus. Un autre propriétaire, voulant sauver deux chevaux de prix, était parvenu à leur faire
quitter l'écurie et à les faire entrer dans son salon ; il n'a pu
cependant les sauver : ces malheureuses bêtes sont mortes
de faim.

De toutes parts, les bateliers distribuent des pains ou
emmènent les malheureux inondés ; mais on ne peut obtenir des paysans de leur faire quitter leur maison. Un sentiment de défiance l'emporte sur l'instinct de la conservation,
et on s'explique cette défiance : des misérables se sont rencontrés qui n'ont vu dans cette catastrophe qu'une occasion
de vol. Sous prétexte de porter secours, ils pillaient les maisons. Des arrestations nombreuses ont eu lieu. Rien n'est
plus facile, en effet, que de piller : les maisons, dépourvues
de portes et de fenêtres, sont ouvertes à tout venant. L'eau
emporte avec elle toutes sortes de richesses : ce sont des vêtements, du linge, des barriques de vin ; c'est une confusion
de la propriété. Les vignerons n'avaient pas encore rentré
leurs vins; ils les laissaient, selon l'usage, débondés pour

faciliter la fermentation, et ils n'ont pas eu le temps de les bonder, ni de les marquer.

Le conseil municipal est resté en permanence jusqu'au milieu de la nuit; il s'est divisé en deux sections : une section s'occupe exclusivement de la distribution des subsistances ; nous avons assisté pendant quelques moments à cette distribution, c'était un spectacle affreux : dans la salle, sont entassées des voitures entières de pains de huit livres; les inondés passent successivement devant le conseil, qui leur demande leurs noms et leurs demeures; il est impossible, en général, d'obtenir une réponse de ces malheureux, ils pleurent, ils sanglotent, ils racontent leur ruine ; ce sont des récits lamentables.

M. le ministre des travaux publics venu en toute hâte est reparti par un convoi spécial; il a laissé aux autorités municipales l'assurance formelle que le gouvernement allait allouer un crédit considérable pour faire face aux besoins les plus pressants. M. le ministre a fait lui-même le tour du Val sur un bateau à vapeur, et a pu se rendre compte de l'étendue du désastre.

Il a donné des ordres pour l'organisation d'un service de sauvetage et la reprise des communications. On construit en ce moment une charpente sur les arches détruites du pont d'Olivet.

Le chemin de fer de Tours est complètement coupé entre Blois et Tours, et M. le ministre a ordonné que la circulation ne pourrait être reprise qu'après des expériences préalables pour s'assurer que la solidité du chemin n'est pas altérée :

ainsi la route de Bordeaux, celle du Centre et celle du Nivernais sont interceptées.

Le conseil municipal a émis le vœu que l'administration du chemin de fer de Vierzon serait tenue de reconstruire le pont de Vierzon sur de nouveaux fondements : ce pont a, en effet, contribué dans une certaine mesure à aggraver la violence du débordement; une chaussée s'avance dans la rivière et en rétrécit le cours; les arches, très-rapprochées, n'ont pas le degré d'ouverture qui serait désirable pour laisser au fleuve son libre cours.

Douze à quinze communes sont encore, à l'heure qu'il est, recouvertes par les eaux de la crue. Que de misères! que de douleurs il nous a fallu voir! chaque maison a son drame. Nous naviguions encore le plus souvent au-dessus des toits, rencontrant à chaque coup d'aviron la crête d'un mur ou la cime d'un arbre. A tous moments, nos mariniers heurtaient les cadavres d'hommes et de bestiaux. Seize décès ont été constatés, mais malheureusement on ne peut se dissimuler que le nombre des victimes ne soit beaucoup plus grand. Sur un monticule que les eaux, en se retirant, venaient de découvrir, nous avons compté trente-cinq vaches mortes de faim, et sur un troupeau de trois cents moutons surpris en pacage, quinze à vingt seulement survivaient, et encore étaient-ils couchés à terre, poussant des bêlements à faire pitié.

Nous faut-il signaler, au milieu du dévouement universel, un fait odieux? Faut-il dire que des misérables ont volé dans une maison du faubourg Saint-Marceau, et cela pendant que les habitants se dévouaient pour le salut des inondés? Nous préférons reposer nos souvenirs sur les innombrables traits de courage et de générosité qui ont signalé cette fatale semaine, et que le défaut d'espace et de temps nous empêche seul d'énumérer. Nous citerons pourtant dès aujourd'hui le propriétaire de l'école de natation, M. Laurenceau, qui, avec son maître-baigneur Charlot, s'est porté, deux jours durant, sur les points les plus dangereux, et a sauvé plus de cent personnes. D'autres ont eu la part moins belle, mais leur dévouement ne mérite pas moins une mention très-spéciale. On nous rapporte entre autres un fait qui dénote chez ses auteurs un sang-froid inouï.

Le gendarme Prou, de la brigade de Chilleurs-aux-Bois, ayant obtenu l'autorisation de se porter au secours des inondés d'Orléans, parti avec le gendarme Benoît et plusieurs mariniers pour la ferme de Bou. Ils sauvent en passant sept chevaux que les eaux entraînaient, et sont appelés vers le château de la Motte-Main-Serre par un homme qui leur demandait à grands cris du pain. Une crête de mur, dépassant le niveau des eaux, les sépare du malheureux : comment faire? Eh bien! rien de plus simple : si la barque ne peut porter nos braves au château, ils y porteront eux-mêmes la barque. Aussitôt dit que fait, ils tombent à califourchon sur le mur, soulèvent à force de bras l'embarcation et la rejettent de l'autre côté. En revenant, ils recommencent avec le même bonheur le même tour de force.

Le lendemain, nos deux gendarmes reprennent la campagne avec les mariniers Théophile Luçon, Alexis Luçon, Sébastien Blandin et François Boucher. Ils sauvent un malheureux qui s'était réfugié à la cime d'un peuplier, un autre dans une barque à l'abandon. Blandin, Théophile et Alexis Luçon arrachent en outre à la mort deux femmes, emprisonnées dans leur maison par les eaux; et, pour opérer ce dernier sauvetage, Alexis crève le toit et s'en fait une porte d'entrée.

Voici un récit emprunté au *Journal du Loiret* à la date du 24.

« Toute notre contrée est dans la consternation : un horrible désastre vient d'arriver. Les levées de la Loire ont crevé à Sandillon et à Saint-Denis. Tout le Val est submergé; nous avons sous les yeux la même inondation qu'en 89. Dès avant-hier, on avait reçu des lettres qui annonçaient 4 mètres de crue à Roanne, et 5 mètres 60 à Cosne. Déjà la Loire avait pris à Orléans des proportions considérables, et en vingt-quatre heures elle avait augmenté de plus de 5 mètres. Hier, à huit heures du matin, l'étiage de notre pont marquait 3 mètres 50; à midi, 4 mètres; à trois heures du soir, 5 mètres; à quatre heures, 5 mètres 56; à six heures, 5 mètres 70; à huit heures, 6 mètres; à neuf heures, 6 mètres 30; à dix heures, 6 mètres 60.

» Dès ce moment, une baisse subite a eu lieu, le rabais a été de 50 centimètres en deux heures et a continué toute la nuit. Ce matin, à six heures, la Loire ne marquait plus que 6 mètres, et jusqu'à l'heure où nous écrivons ces lignes, elle s'est maintenue à cette hauteur.

» Le rabais provenait d'un nouveau désastre. Hier soir, à dix heures, les levées crevaient à Saint-Denis et à Sandillon. Près la propriété de M. Baguenault, la levée était emportée sur une longueur de cent mètres.

» En même temps un horrible craquement se faisait entendre sur nos quais. C'était le viaduc de Vierzon qui s'ouvrait sous la violence torrentielle du fleuve. Deux arches avaient croulé. Ce sont les deux arches les plus voisines du remblai.

» En aval d'Orléans, la levée a également crevé à Saint-Pryvé sur une longueur d'environ 50 mètres. En ce moment, la Loire n'est plus un fleuve, mais une mer. Le Val est devenu une immense nappe d'eau, Saint-Mesmin, Saint-Denis, Jargeau, Sandillon, toutes les communes du Val sont littéralement submergées. Les routes sont interceptées. Il y a des maisons dans la campagne qui sont plongées dans plus de 5 mètres d'eau ; d'autres qui ont tout-à-fait disparu. De toutes parts on demande des secours ; mais le sauvetage est des plus difficiles. Il s'agit de diriger des barques à travers des jardins, des charmilles, des écueils que l'eau recouvre. La pluie tombe à flots ; le nombre des barques est insuffisant, les mariniers manquent.

» M. Rousseau, premier adjoint, remplissant les fonctions de maire à Orléans, a convoqué le conseil municipal pour deux heures de l'après-midi, il s'agit d'une organisation de secours.

« M. Rousseau a envoyé en même temps un exprès au ministre de l'intérieur pour lui demander des secours en mariniers et en bateaux.

» *Deux heures.* — Le désastre continue. La Loire croit de nouveau. Elle a augmenté à peu près de 40 centimètres ; cela provient de ce que l'eau, qui s'est jetée dans le Val par la rupture des levées, est maintenant plus élevée que le niveau de la Loire.

» On remarque 50 à 60 centimètres de différence entre le niveau du fleuve et le niveau des eaux qui s'accumulent dans le Val faute d'écoulement. On peut juger par là des progrès de l'inondation, qui, en certains endroits, est parvenue à 5 mètres d'élévation.

Une culée du pont de Jargeau a cédé. Les chaussées du canal d'Orléans ont été envahies. Quant au Loiret, il fait maintenant jonction avec la Loire, qui n'est plus bornée que par le côteau de la Sologne. Les remblais du chemin de fer de Vierzon, à partir de la levée jusqu'au pont de la route de Sandillon, sont, dit-on, emportés.

« Ce beau viaduc, destiné au chemin de fer du centre, a été emporté en partie, le 21 à onze heures du soir, par la crue subite de la Loire. Le désastre s'est prolongé deux jours. Une foule immense a assisté à cet affreux spectacle. Rien ne peut dépeindre la fureur des eaux. C'est sur la culée gauche que le torrent a sévi d'abord. Les pierres du talus déchaussées par l'affouillement et le tourbillonnement de l'eau, surnageaient d'abord, puis disparaissaient comme dans la spirale d'un entonnoir. Peu-à-peu l'ouvrage empierré a été complètement emporté. L'eau était parvenue à une hauteur telle que les barrages disposés en amont du pont pour servir aux enrochements et opposer de la résistance au fleuve dans les temps ordinaires, ont cédé sur tous les points : alors les piles du viaduc qui avaient éprouvé des tassements considérables, et qui n'étaient plus protégées par les barrages, ont fléchi sous la violence des eaux et le choc répété des matériaux des culées, et se sont écroulées.

» Deux jours auparavant, l'ingénieur en chef, écrivait à la compagnie du chemin de fer du centre que la visite qu'il venait de faire du viaduc de la Loire lui démontrait d'une manière positive que cet ouvrage d'art, après tous les accidents qu'il avait subis, se trouvait actuellement dans les meilleures conditions et que rien ne pourrait altérer sa solidité. Les prévisions de l'ingénieur en chef ont été trompées, comme on le voit, et en présence de cet accident ne faut-il pas se féliciter que ce soit par une cause imprévue et avant que la circulation ait été autorisée que ce viaduc se soit écroulé.

» Depuis un an cet ouvrage d'art éprouvait des tassements et on l'a soumis à de fortes épreuves. Ces mouvemens provenaient des fondations. Les travaux exécutés en rivière pour contrarier l'affouillement des eaux, les enrochements faits pour consolider les bases, avaient contribué à arrêter les tassements, et depuis deux ou trois mois aucun mouvement ne s'était fait remarquer.

» Le chemin du centre, par suite de la dernière visite faite au viaduc, devait être livré à la circulation sous peu de jours. Quelques travaux de sondage faits sous la direction de M. Mulot pour connaître le sol aux abords du viaduc retardaient peut-être seuls l'ouverture de cette ligne. Aujourd'hui ce désastre, qui s'est étendu non-seulement au pont et à ses abords, mais sur les terrains mêmes explorés, va nécessairement ajourner l'exploitation de cette ligne.

» L'administration a dépensé, pour la construction de ce viaduc, 1,500,000 fr. au moins. Sa reconstruction devra être entière et entraînera probablement une dépense de 400,000 fr. environ.

Après avoir sensiblement décru depuis l'après-midi du 21, la Loire s'est remise à augmenter le 24. Vers les cinq heures, la crue était de trois pouces, et menaçait la ville de nouveaux malheurs.

Le Journal du Loiret du 24, qui n'est parvenu à Paris que le 26, contient sur les ravages de la Loire à Orléans et dans les localités voisines un nouvel article dont nous extrayons les passages suivants :

« L'horrible situation de notre pays ne saurait se décrire. Tout le val de la Loire, l'une des contrées les plus riches de France, est littéralement ruiné.

» Mercredi, du côté des montées, et sur certains points de Saint-Denis, l'inondation avait une hauteur de 5 mètres 70 centimètres, plusieurs maisons disparaissaient et les bateaux passaient au niveau des cheminées. On ne sait comment les habitants se sont sauvés. Dans d'autres maisons, les greniers étaient envahis jusqu'aux lucarnes et jusqu'aux combles. Des familles tout entières étaient perchées sur les poutres supérieures attendant à tout moment la mort qui montait avec l'eau. Lorsque les bateaux sont venus les délivrer, il a fallu casser la toiture à coups de gaffes pour leur trouver un passage. On a trouvé à cheval sur un toit six inondés, père, mère et enfants, dont le dernier avait à peine cinq ans. Ces malheureux avaient déjà de l'eau jusqu'au jarret et leurs forces étaient à bout lorsqu'on est venu les recueillir dans une barque.

» Nous ne saurions dire toutes les horreurs de cette nuit passée dans les plus dures angoisses que l'homme puisse éprouver. Presque partout c'étaient les scènes du déluge.

» La caserne de M. Biot a reçu, dans la nuit de jeudi à vendredi, 500 inondés, sans asile, sans pain, sans vêtements. D'autres avaient logé en ville chez des parents ou chez des amis ; les petits enfants et les vieillards étaient reçus à l'hospice. Depuis l'inondation, la ville distribue du pain à tous ces malheureux qui pleurent leur maison détruite, leurs bestiaux noyés, leur petite fortune à jamais perdue. C'est la misère dans son spectacle le plus navrant.

» L'église et le presbytère de Saint-Denis, situés sur un tertre, n'ont pas été envahis par les eaux. Tous les bestiaux qui ont pu se sauver se sont réfugiés dans le cimetière, converti en pâturage. Quant au presbytère de M. le curé, ce n'est plus qu'une cantine où bivouaquent les inondés du pays.

» Grâce aux secours organisés par le comité de sauvetage et par le comité de subsistances, personne, nous l'espérons du moins, n'a manqué de pain, soit à Orléans, soit sur les lieux inondés. Les jeunes jens et les mariniers de la ville, ainsi que les mariniers de Paris, ont sillonné en tous sens le théâtre de l'inondation, portant aux malheureux qui avaient voulu rester dans leurs greniers du pain et de la chandelle.

» A Saint-Mesmin, tous les meûniers ont pu heureusement sauver leur farine et leur blé. C'est un résultat heureux pour eux et pour Orléans. Si personne n'a péri à Saint-Mesmin, c'est grâce à la présence de nombreux bateaux de déchargement qui sont amarrés près des moulins, où ils étaient venus apporter du blé. Les équipages de ces bateaux, formés d'hommes exercés, ont rendu les plus grands services. A toute heure de jour et de nuit on les a vus, rivalisant de zèle, parcourir avec leurs barques la campagne inondée, et arracher à la mort une multitude de malheureux réfugiés dans leurs greniers. Ces hommes s'appellent Pierre Béchet, de Villeberne, près Saumur, et ses deux fils; Renard Tortu, Louis Poitevin, Charles Lubin, Gallet, tous de Saumur, et Vincent, marinier.

» A cette liste d'hommes courageux il faut ajouter M. Doussaint-Péan et ses gardes-moulin, qui ont sauvé beaucoup de monde, notamment le portier des Feuillans et ses quatre enfants. Tous étaient dans l'eau et auraient péri si on eût tardé d'une heure à les secourir. M. Doussaint a joint en cette occasion l'humanité au courage, car il a recueilli dans sa maison, envahie elle-même jusqu'au premier étage, une trentaine de personnes.

» M. Jean-Baptiste Gaudry et M. Thuillier, architecte, ont effectué entre Orléans et Saint-Pryvé la navigation la plus périlleuse et la plus utile. Chemin faisant ils recueillaient dans toutes les maisons de paysans une foule d'individus en danger. Leur barque est une des premières qui se soit hasardée. Elle était commandée par M. Callotte, et ces messieurs se sont bien trouvés d'avoir affaire à un homme aussi expérimenté; car, au milieu des écueils, des arbres et des courans, ils étaient dans le plus grand danger.

» Nous citerons encore M. Jules Martin, qui est allé, avec une intrépidité admirable, sauver quinze personnes dans un passage des plus dangereux, rue Hatton, près la fontaine.

» M. Gaudry père a recueilli dans l'Abbaye une quinzaine d'inondés auxquels des vivres ont chaque jour été fournis.

» A Sandillon, c'est le sieur Tollé, commissionnaire en vins, qui, avec ses deux fils, a opéré le sauvetage. Dès qu'il a vu la crue de la Loire, il avait fait traîner une toue sur la place du bourg, point culminant du pays. Bientôt la levée a crevé, et toute la campagne a été submergée. Tous les habitants avaient été obligés de se réfugier sur les toits et dans les greniers, Tollé est allé les chercher les uns après les autres. Quant à ceux qui avaient pu rester dans leurs maisons, il leur a, pendant tout le temps de l'inondation, porté des vivres.

» Partout à Orléans la population s'est montrée brave, généreuse, dévouée. Un grand nombre de nos concitoyens ont prodigué leurs bras et exposé leur vie avec une abnégation sublime. Que de traits de courage, que d'actes de dévoûment qui resteront ignorés! La foule, cependant, a su distinguer plusieurs de ces hommes intrépides et de ces jeunes gens si dévoués.

» En tête, nous citerons M. Laurenceau, qui des premiers s'est risqué au plus fort du danger. Sa conduite a été admirable, et son nom restera pour toujours entouré à Orléans de la reconnaissance publique. Avec lui se sont distingués MM. Eigedschenck, Frelon, Julienne fils ; les mariniers Joffrion, Riccolo et Réné Boucher. Chalon fils, marinier à Nantes, ainsi que ses deux matelots Joseph Lemesle et Simon François ont été constamment occupés du sauvetage depuis mercredi matin.

» Ces braves mariniers ont sauvé au moins trois cents personnes. Nous citerons encore MM. Sarrau, de Nantes ; Châtillon, du faubourg Madeleine ; L'hôtellier, rue du roi David ; Charles Rouzeau, du faubourg Saint-Marceau ; Rouilly, de la rue Drufin ;

Philippe Porte, du quai du Roi ; Maupoint, Durand, employé aux ponts-et-chaussées ; Rocmort, artiste dramatique.

» M. Maton aîné, marinier à Digoin, en compagnie de M. Rossignol, a sauvé plus de deux cents personnes. MM. Caboche, d'Orléans ; Mathurin Proteau, de Saint-Sébastien, près Nantes ; Julien Lecomte, de Nantes, ont aussi fait des prodiges d'intrépidité ; ce sont ces mêmes braves qui ont sauvé la famille Courtin, refugiée dans un grenier.

» MM. Courtin ont été retirés par les gouttières, situées à une hauteur de plus de dix mètres au-dessus du niveau de l'eau. Caboche a opéré ce tour de force en passant derrière une cheminée et en se laissant glisser dans le grenier par une lucarne. Après avoir ainsi employé sa journée, il est parti à cinq heures et demie du soir pour Olivet, allant chercher les dépêches qu'il a apportées trois heures après, malgré les dangers d'une traversée faite dans l'obscurité, au milieu d'obstacles de toute nature. Nous citerons encore le gendarme Benoît, qui, dans les journées de mercredi et de jeudi, a fait preuve d'un sang-froid rare et d'un dévoûment admirable.

» Tous les commissaires de police ont bien fait leur devoir, notamment MM. Lainé, Chevalier, Guignard et M. Brunel, commissaire central. Sur les divers points de l'inondation se sont encore portés MM. Chevalier, Jérôme, Boulet de Monvel, O. Amy, Watbled, Plasman fils, Ernest Mireau, Crosnier, juge de paix ; Léopold Lévy, Dumnis, Madelaine, tous les mariniers de Paris, ainsi que M. Belval, leur chef, et M. Duchesne, inspecteur de la navigation. MM. Ponceau et ses ouvriers, les sergens de ville Dolzer, Massé et Muller se sont aussi fait remarquer par leur dévoûment.

» Heureusement tous les braves citoyens qui s'exposaient généreusement à la mort pour sauver les inondés ont pu s'arracher aux dangers du sauvetage. Un seul a péri, un brave et digne ouvrier, le sieur Bigault, employé chez M. Auguste Couillard. Mercredi, au plus fort de l'inondation, Bigault était monté dans une barque, avec MM. Lavallée, contrôleur de l'Octroi; Auguste Ravard, coiffeur; Luçon, marinier; et Bernard, canotier; tous hommes intrépides et dévoués. Déjà cette barque avait sauvé plus de quatre-vingts malheureux; elle venait de faire encore un voyage aux Montées, ramenant treize inondés qu'elle avait déposés dans la maison de la route d'Olivet, n. 135.

» Tout à coup, vers la hauteur de l'église Saint-Marceau, la barque, emportée par un gouffre, chavire; MM. Lavallée, Ravard, Luçon, Bernard et Bigault sont engloutis sous les flots. Plus de mille personnes amassées sur la rive poussent un long cri en voyant cet accident. On s'embarque pour les sauver; mais ce n'est qu'au bout d'un quart-d'heure qu'on arrive auprès d'eux, au moment où, fatigués de lutter contre le courant, ils allaient perdre connaissance. Quatre, que le docteur Latour a soignés, ont pu être sauvés; mais il était trop tard pour Bigault; il avait déjà disparu sous l'eau; ce malheureux ne savait pas nager: en entreprenant le sauvetage des inondés, il n'avait écouté que son bon cœur et son courage.

» Bigault laisse trois enfants et sa femme enceinte. Homme honnête, père de famille irréprochable, excellent ouvrier, sa famille qui le pleure aujourd'hui est dans le dénûment et la misère. La ville d'Orléans, nous en sommes sûrs, ne laissera pas sans ressources la femme et les enfants d'un brave citoyen mort victime de son abnégation et de son dévoûment.

» Maintenant que les premiers secours ont été portés, il est urgent de prendre des précautions pour empêcher le retour d'aussi grands desastres: il faut avant tout fermer la brèche faite dans la levée de Sandillon.

» De nouvelles crues peuvent survenir dans la saison où nous sommes, et le val serait de nouveau inondé; il faut aussi démolir le remblai de terre qui couvre le lit de la Loire, et que l'administration des ponts-et-chaussées s'est obstinée à maintenir malgré les inquiétudes et les réclamations de toutes les communes riveraines. Il faut enfin fortifier les levées et ouvrir, de distance en distance, des ponts dans le remblai du chemin de fer de Vierzon jusqu'au coteau de la Sologne. Le conseil municipal d'Orléans, dans sa séance d'hier, a émis à cet égard le vœu suivant, et dont, en présence de l'affreux malheur qui vient d'arriver, il y aurait folie et cruauté à ne pas tenir compte:

» Le conseil municipal d'Orléans émet le vœu :

» 1° Que le remblai à la suite du pont soit remplacé par des arches dans toute la largeur du fleuve.

» 2° Que la levée du chemin de fer soit percée d'ouvertures, de distance en distance, jusqu'au coteau de la Sologne, de manière à donner aux eaux un écoulement suffisant.

» On a déjà pu compter les premières victimes de l'inondation, deux femmes ont été trouvées noyées dans leurs chambres. L'une serrait encore d'une main crispée le meuble auquel elle avait essayé de se cramponner.

» On nous cite encore une pauvre femme enceinte, qui avait été surprise dans son lit par l'inondation. On n'a pu la sauver qu'en perçant le plancher de l'étage supérieur, et en lui attachant des cordes autour du corps, pour la hisser dans le grenier. Cette malheureuse est très-malade.

» Jusqu'à présent, on compte peu de personnes noyées ou tuées. Mais ce n'est que plus tard, après le retrait des eaux qu'on pourra connaître toutes les victimes. »

D'après les ordres laissés par M. le ministre des travaux publics, lors de sa visite, des ouvriers sont occupés à couper dans les endroits où l'eau afflue avec le plus d'abondance, le remblai du chemin de fer élevé à travers le val, qui s'opposait à leur écoulement. Les eaux qui recouvraient la plus grande partie du val n'avaient pas encore permis, le 24, de pouvoir apprécier l'étendue des pertes éprouvées par ce malheureux pays, non plus que le nombre des personnes tuées ou noyées.

On sait que la compagnie du chemin de fer, quoique ayant particulièrement souffert des inondations, a voté 30,000 fr. en faveur des victimes du désastre. Sur cette somme, 10,000 francs sont mis spécialement à la disposition de M. le préfet du Loiret pour être distribués aux inondés du val d'Orléans.

Le pain qui, d'après la mercuriale du 23, devait, le lendemain, recevoir une augmentation de taxe, a été maintenu au même prix, d'après le désir exprimé par les boulangers de la ville eux-mêmes.

Les voyageurs retenus à Olivet depuis mercredi 21, ont pu enfin traverser Orléans : ils ont été passés sur des bateaux à vapeur qui, en même temps qu'ils amènent les voyageurs pour Paris, reprennent ceux venant de Paris, leur faisant continuer leur route dans les diligences restées à Olivet. Le chemin de fer a suspendu son service pour Tours : de ce côté les communications restent toujours interceptées. On ne dépasse pas Blois.

» Toutes les affaires sont suspendues, et cela se conçoit, puisque les arrivages ne peuvent se faire. Les approvisionnements de ménage manquent complètement : c'étaient les infortunées paysannes du Val qui, seules, fournissaient le marché en légumes, en fruits, en beurre et fromage ; aussi les denrées renchérissent-elles dans une proportion effrayante.

» La Loire est rentrée dans son lit ; elle a baissé de 5 mètres 50 centimètres en trois jours ; les eaux du Val restent au-dessus du niveau du fleuve ; elles sont là stagnantes, sans écoulement ; les levées nuisent beaucoup en ce moment, puisqu'elles ne servent qu'à prolonger l'inondation,

» Par le fait, la ville d'Orléans est coupée en deux parties : les habitants de la rive droite sont plus éloignés de ceux de la rive gauche qu'ils ne le sont de Paris, et une foule de familles ne savent pas encore quelles sont les pertes qu'elles ont à déplorer, les pertes matérielles, bien qu'elles soient incalculables, ne sont, en ce moment, que des préoccupations secondaires ; les enterrements, qui se croisent dans toutes les rues, ajoutent à l'aspect désolé que présente notre ville : vingt-trois inhumations ont eu lieu dans la matinée ; les services funèbres se font à la cathédrale, toutes les églises et les cimetières du Val étant submergés ou détruits.

» Le conseil municipal a été obligé de restreindre la distribution des subsistances aux inondés des seules communes qui restent encore submergées : la position des autres n'est cependant pas moins affreuse ; l'eau s'est retirée de leurs maisons, mais elle ne leur laisse qu'une demeure inhabitable qui menace à chaque instant de s'écrouler ; les quatre murs humides et chancelans leur restent seuls, mais pas de meubles, pas de linge, pas de lit, pas d'argent, pas de récoltes ; ces malheureux, repoussés de la salle des distributions, errent dans la ville ; leurs figures hâves et décomposées attestent leurs souffrances.

» La charité s'exerce cependant avec ardeur ; à chaque rue sont placés des troncs. Les listes de souscription se remplissent avec générosité ; on commencera demain une quête à domicile. En outre de la riche aumône de la compagnie du chemin de fer, les employés se sont réunis et ont versé 3,000 fr., produit d'une collecte faite entre eux.

» Ce qu'on craint par-dessus tout, c'est l'*ensablement* du Val; si comme en 89, le Val est ensablé, il en résulte une perte incalculable; c'est tout un territoire (et le plus fertile du monde!) perdu pour de longues années. Si la Loire a déchargé son sable sur les terres du Val, on ne peut espérer faire rapporter ces terres avant huit ou dix années. Après le débordement de 89, ce ne fut que vers 1806, qu'à force de travaux de labourage, de dépenses énormes d'engrais qu'il fut possible à la culture de reconquérir ces terres devenues plus tard si bonnes et si productives. Nous ne parlons pas enfin de la dépréciation énorme qui va résulter pour les propriétés de toute cette contrée, propriétés si recherchées hier encore à cause de leur admirable situation, et dont demain personne ne voudra sous la menace perpétuelle d'aussi terribles catastrophes. »

Mardi matin, une délégation, composée en partie de membres appartenant à l'autorité municipale et à l'autorité judiciaire, a tenté l'exploration de toutes les communes du Val; cette exploration offrait des difficultés excessives et devait révéler bien des pertes encore inconnues : dans la plupart des localités, on arrivait encore en barques, tandis que sur d'autres points du Val il n'était permis d'aborder les habitations qu'à cheval ou à pied, et encore le sol défoncé, caché sous la vase, n'offrait en général qu'un point d'appui sans consistance et souvent périlleux. Un grand nombre d'ouvriers, munis de pieux, de haches, de crochets et de toutes sortes d'instruments de sauvetage, suivaient l'expédition. On a eu de nombreux décès à constater ; on ne s'y attendait que trop. Dans une seule maison, sous les murs écroulés, on a découvert six cadavres ; ils appartenaient à une même famille ! Le nombre des bestiaux morts est incalculable ; amoncelés sur quelques points, ils répandent déjà une odeur pestilentielle. Nous pensons que de cette exploration doit résulter l'opinion que l'Orléanais est de tous les pays inondés, celui qui a le plus souffert.

Les remblais du chemin de Vierzon, depuis le pont jusqu'au coteau de la Sologne, sont aujourd'hui à découvert, et on peut apprécier le dommage ; à plusieurs endroits et sur une longueur de 3 à 4 kilomètres, les remblais sont renversés, les rails et les traverses qui les supportent sont détachés du sol et entraînés sur les parois.

Depuis-hier, le niveau des eaux reste le même ; sans les pluies perpétuelles qui tombent, il est probable que la Loire aurait repris son niveau normal ; mais dans le Val, l'eau est d'un mètre plus élevée que celle du fleuve.

Voici les noms des ponts rompus par l'inondation ou du moins gravement endommagés, et sur lesquels la circulation doit être interdite : Pont de Retournac, pont de Bass, pont de Saint-Just, pont d'Andrezieux, ponts suspendus de Fourchambault, de Digoin, de Cosne, pont de la Charité, pont de Pouilly, pont de pierre de Cosne, pont du chemin de fer du Centre, pont d'Olivet (route de Toulouse), pont de Saint-Mesmin (sur la route de Chambord).

Les communes de Berthenay et de Saint-Genouph sont sous l'eau. Saint-Genouph peut encore communiquer avec la ville ;

Berthenay en est complètement isolé. Les ruptures de levées dans toute la presqu'île sont tellement nombreuses, qu'on ne les compte plus. Les levées sont fractionnées par tronçons, dont plusieurs n'ont pas cent mètres de largeur. La population s'est réfugiée sur ces langues de terre qui s'affaissent sous ses pas. A chaque instant on voit disparaître le sommet des toits que l'eau n'avait pas encore submergés. Des bateaux à vapeur ont été envoyés à Tours par les autorités dans la journée du 22 et du 23, pour porter aux malheureux habitants des secours et des subsistances. Mais il a été impossible de les déterminer à se séparer de leurs bestiaux et des débris de leurs ménages. Un cultivateur a même refusé de quitter son domicile; il s'est réfugié dans son grenier, où il est resté jusqu'à ce qu'il ait été enseveli sous les débris de son toit. La population de Berthenay qui habite la partie méridionale de la commune a trouvé un asile au chateau de Villandry.

Les mêmes calamités se reproduisent à Saint-Genouph, où la population bivouaque sur les levées. Le 24, dans la soirée, une de ces levées, la seule qui permît d'entretenir des communications avec Tours, avait été à moitié détruite dans son épaisseur, sur une largeur de plus de 100 mètres, et tout fait présumer que, dans le moment actuel, les habitants de Saint-Genouph sont dans une position semblable à celle des habitants de Berthenay.

Le désastre de Langeais est immense. Toutes les maisons sont submergées au-delà du premier étage. Jusqu'ici les ponts de Saint-Mars et d'Amboise, qui ne sont pas encore terminés, ont résisté à l'effort des eaux.

Les fâcheuses nouvelles qu'on annonçait d'Amboise ne sont

que trop certaines. Le préfet s'y est transporté dans la soirée du 23, assisté de MM. Maurice, Marchand et Courmiers, ingénieurs. La levée, à l'extrémité du faubourg dit du Bout-des-Ponts, a été entamée par le torrent dans une longueur considérable. Ce n'est qu'après des efforts inouïs qu'on est parvenu à borner l'étendue de la brèche. Douze maisons ont été renversées dans ce faubourg par l'irruption des eaux. Le chemin de fer paraît détruit sur une longueur de 1 kilom. 500 mètres.

Toute la plaine entre Amboise et Vouvray est couverte par l'inondation. La Loire n'est plus un fleuve, c'est une mer. Les habitants sont venus chercher un asile à Vouvray. Le nommé Papot, qui habite une tuilerie sur le bord de la Loire, gagnait en charrette, avec sa famille, le pont de la Cisse, pour se réfugier à Vouvray ; il est surpris en chemin par un courant rapide, les chevaux sont entraînés, la charrette culbutée, et ceux qui la montaient précipités dans l'eau. Papot parvient à s'accrocher à un buisson ; sa femme, qui tenait dans ses bras un enfant de deux ans, s'attache à un arbre, ainsi que deux autres de ses enfants ; le quatrième, âgé de quatorze ans, n'a pas le même bonheur, il se noie sous les yeux de ses parents. Le brigadier de la gendarmerie de Vouvray, à la vue d'un tel malheur, monte dans une barque avec deux autres personnes, et parvient à arracher à une mort inévitable cette infortunée famille. Depuis ce moment Papot a perdu l'usage de la raison.

BLOIS. — A Blois, on craignait beaucoup pour la partie basse de la ville ; nulle précaution ne pouvait garantir cette partie de la ville d'une complète submersion. Le mercredi, à midi, l'irruption des eaux a commencé et continué, sans interruption, jusqu'au jeudi ; en peu de temps elles ont atteint une hauteur de 7 mètres à l'étiage de la ville : le Mail et le port vieux ont été envahis; l'Hôtel-de-Ville cerné, et les communications entre les divers quartiers de la ville n'eurent plus lieu qu'en bateau. On a pu, par des travaux faits à la hâte, préserver le faubourg de Vienne jusqu'au lendemain matin ; mais enfin l'eau s'était ouvert un passage, et, prenant ce faubourg à revers, elle pénétra bientôt dans tous les quartiers, envahit les maisons à une hauteur considérable; il ne fallut qu'une heure pour consommer la ruine de ses malheureux habitants. Un grand nombre s'enfuit sans rien emporter, et l'on voyait, avec une douleur profonde, des familles entières, à peine vêtues, errer dans les rues de Blois, cherchant un asile et du pain. Ce tableau, dont nous avons été témoin, était déchirant. La charité s'exerça partout avec courage et empressement. Des habitants de la partie haute de la ville étaient descendus en voiture, ils se dirigèrent vers le faubourg inondé et recueillirent une grande quantité de malheureux avec ce qu'ils purent emporter. Ces voyages n'étaient pas sans périls, et les noms des citoyens courageux qui en ont les premiers donné l'exemple doivent être conservés. Un journal trouve fâcheux que l'on n'ait pas fait évacuer, même par la force, le faubourg de Vienne dès le soir, au moment où les communications entre la ville proprement dite et ce faubourg commençaient à n'être plus praticables. Nous partageons cet avis ; mais était-il possible d'exécuter ce projet, de contraindre toute une population d'abandonner ses foyers ? là est toute la question. Sans doute on pouvait prévoir d'une manière certaine que, quelque précaution qu'on prît, on n'empêcherait pas la rupture des digues et que pendant la nuit le faubourg serait inondé ; mais pouvait-on se faire obéir, même par la force?

AMBOISE (*Indre-et-Loire*). — Pendant la nuit du 21 au 22 et pendant celle du 22, les habitants de cette ville avaient travaillé avec la plus grande ardeur et quelque chance de succès, sous la direction de M. Marchand, ingénieur, à consolider la levée de la rive droite de la Loire plus particulièrement menacée, lorsque, entre sept et huit heures du matin, la crue augmentant d'une manière formidable, une brèche d'une étendue de 150 mètres au moins se déclara au-dessus du faubourg du Bout-des-Ponts.

Les eaux se précipitèrent avec une violence extrême par cette issue, et en quelques instants eurent complètement envahi ce faubourg et tout le territoire compris entre Amboise et Vouvray, et renfermé entre la levée et le coteau.

Dès-lors, tous les efforts des travailleurs ne furent plus consacrés qu'à préserver de la mort les malheureux qui venaient d'être atteints par les eaux.

Dans ce moment critique, la gendarmerie d'Amboise, avec cet admirable dévouement dont ce corps d'élite a donné ces jours derniers tant de preuves sur tous les points menacés, rendit les plus importants services. Grâce au courage déployé par ces braves militaires, quarante-huit personnes furent sauvées.

Quinze maisons ont été emportées, mais on a eu aucun cas de mort à déplorer.

L'eau a dépassé le niveau des levées entre Tours et Saint-

Mars ; mais partout les populations étaient sur pied, et l'on a pu s'opposer aux débordements sur une infinité de points, et les excellentes terres de Varennes, situées entre le coteau et la Loire, ont été préservées.

A Varennes, près Saint-Mars, la levée a été emportée et les eaux ont envahi la partie basse du bourg. Les pertes doivent être considérables.

La petite ville de Langeais, dont la majeure partie est construite au-dessous du niveau des grandes eaux, a été inondée à une hauteur, sur quelques points, de plus de 5 mètres.

Un certain nombre de maisons se sont écroulées ; beaucoup d'autres menacent ruine.

La quantité de marchandises perdues est immense.

Le 25, l'eau ne marquait plus, à l'échelle du pont de Tours, que 4 mètres 50 centimètres.

La levée de Gohier à Saint-Sulpice, en amont du pont de Cé, a été emportée. Cette levée, commencée depuis deux mois, n'était pas encore percée. Les maires et les habitants des communes voisines, accourus sur ces lieux, ont montré le plus grand zèle dans cette circonstance.

Aux Ponts-de-Cé, les rues sont inondées, et les habitants s'occupent à transporter leur mobilier aux étages supérieurs. Toute la nuit de jeudi à vendredi a été employée à mettre en sûreté les matériaux destinés à la construction des ponts ; hier, dans la journée, la Loire charriait des arbres entiers, déracinés par la violence du torrent, et des débris de toutes sortes, témoignages trop certains des ravages de l'inondation.

Voici l'état de la hauteur des eaux aux Pont-de-Cé :

La crue, du 17 au 23, a été d'environ 3 mètres 30 centim.; la Loire était, le 23, à huit heures du matin, à 4 mètres 20 centim., et la crue continuait.

Le 23, à cinq heures du soir, 4 mètres 64 c. (0 m. 054 mil. de crue par heure).

Le 24, à midi, 5 mèt. 16 c. (0 m. 052 mill. de crue par heure).

Les eaux touchaient le tablier du pont Saint-Maurille. La crue continuait toujours d'une manière effrayante.

A Saumur, le 23, à 7 heures du soir, les eaux atteignaient 5 mèt. 60 c. En 1843, elles se sont élevées à 6 mèt. 30 cent.

Les journaux d'Angers, du 24, annoncent, par post-scriptum, que les nouvelles étaient meilleures.

A Nantes, le 24, après midi, la Loire était à 3 mètres; la crue avait été d'un demi-mètre depuis vingt-quatre heures.

On considérait tout danger comme passé pour la Loire-Inférieure, si la crue de la Vienne ne venait pas changer la situation.

Les journaux de Nantes et d'Angers, qui étaient en retard, nous arrivent à cinq heures du soir. A Nantes, la crue de la Loire avait à peine été sensible dans les trois derniers jours; elle était à 2 mèt. 20 c. le 23.

Tours. — Cette ville est dans un terrain bas, et avait tout à redouter du fléau. C'est le jeudi que les eaux ont fait irruption dans la rue du Faubourg-Saint-Pierre-des-Corps, par un égout qui a crevé; elles se sont frayé un passage en renversant une maison qui leur faisait obstacle, et elles avaient également franchi quelques barrages. Mais heureusement la levée, quoiqu'entièrement recouverte par les eaux, a pu résister, ainsi que les banquettes que la prévoyance des autorités avait fait élever en toute hâte sur les bords du courant. Ce sont ces précautions, il faut le reconnaître, qui ont sauvé tout le côté sud de la ville. Néanmoins les jardins de Saint-Pierre-des-Corps et le Mail, cette belle promenade, sont inondés à une hauteur de 50 à 60 centimètres jusqu'à la route royale.

Au nord de la ville, sur le quai de la Poissonnerie, on a travaillé toute la nuit à maintenir l'eau. Des bourrelets que l'on s'était hâté d'établir ont heureusement suffi à comprimer l'inondation. Cependant, on ne peut s'empêcher de reconnaître, en frémissant, que si le fleuve, qui, à 2 heures du matin, était à 7 mètres 15 centimètres au-dessus de l'étiage, eût atteint 10 centimètres de plus en rivière, toutes les précautions prises fussent devenues inutiles pour défendre Tours d'une affreuse catastrophe.

Dans la matinée de vendredi, les eaux n'étaient plus qu'à 6 mètres 50 centimètres au-dessus de l'étiage, et un bateau à vapeur partait pour aller porter secours aux habitants de Saint-Côme, de Saint Genouph et autres villages, jusqu'à Villandry, que l'on annonçait être dans une situation désespérée par suite de la rupture des levées.

A Amboise, toute la partie située à l'embarcadère du chemin de fer : le val de Mazelle et de Noiseux ont affreusement souffert ; vingt-six personnes ont, dit-on, péri dans une auberge.

Des maisons ont été entraînées avec tout ce qu'elles contenaient ; leurs habitants sont ruinés. Au Sanitas, dix-neuf personnes ont été surprises pendant la nuit dans leur domicile et cernées par les eaux, la route royale de Paris ayant été défoncée à cet endroit sur une étendue assez considérable, les secourir était d'un extrême danger. Ces malheureux poussaient des cris de détresse, les bateliers n'osaient pas s'exposer pour aller à leur secours : grâce à l'énergie de quelques citoyens, ils ont été sauvés.

Le pont de la route de Saint-Gervais, sur le Cosson, a été emporté par les eaux le mercredi soir. Au moment de sa chûte, onze personnes se trouvaient en deçà sur la chaussée. Ces malheureux, dont la retraite était ainsi coupée, ont passé la nuit entre la vie et la mort, sans pouvoir se faire entendre ni voir ; ce n'est que jeudi matin qu'ils ont été sauvés par des bateliers.

Les terres ont été entraînées, et de distance en distance des cascades ont déterminé des fissures et des excavations qui rendent cette voie impraticable. Tous les jardins des pépiniéristes et les riches collections qui étaient situés dans le faubourg sont ravagés ; c'est à peine si on reconnaît la place qu'ils occupaient. Les chantiers de bois et autres matériaux, le moulin à plâtre, les magasins des gros marchands de Vienne, tout cela est dans un désordre difficile à décrire.

Dans cette douloureuse circonstance, Mgr l'évêque et son clergé se sont admirablement conduits et ont déployé une charité toute chrétienne. Par leurs soins, un asile et des vivres ont été fournis à tous ces pauvres gens.

Ceux qui avaient pu sauver quelques bestiaux les ont parqués dans les cours et jardins de l'évêché.

Dans la journée, M. le préfet, Mgr l'évêque, les curés des paroisses et les principaux fonctionnaires de Blois se sont réunis à l'Hôtel-de-Ville pour arrêter quelques mesures d'urgence et aviser aux besoins de la situation.

Parmi les traits de dévouement que l'on a été heureux de remarquer, à Blois comme dans tous les lieux où s'est produit le terrible sinistre, on doit signaler l'admirable conduite tenue par les sieurs Raulet et Percheron, de la compagnie de gendarmerie de Blois, qui ont eu le bonheur de sauver plus de vingt-cinq personnes, en exposant chaque fois leur propre vie.

Une première liste de souscription ouverte dans la ville a produit, le premier jour, au-delà de 14,000 fr.

M. le ministre de l'intérieur, qui avait pu, à son passage à Blois, juger de l'étendue du désastre qui s'est abattu sur le malheureux faubourg de Vienne, s'est empressé de mettre à la disposition du bureau de bienfaisance un premier secours de 10,000 fr.

Malgré la rareté des arrivages de blé, par suite de la rupture des communications avec la Sologne et le Berry, le pain a été maintenu d'office par l'administration au même prix.

Ainsi qu'on le prévoyait, le gouvernement a pris des mesures d'urgence pour venir au secours des inondés de la Loire.

Le *Moniteur* du 26 a publié trois ordonnances royales qui ouvrent ;

1° Au ministre de l'agriculture et du commerce, un crédit de. . . . . 1,000,000 fr.
2° Au ministre de l'intérieur, un crédit de. 400,000
3° Au ministre des travaux publics, un crédit de, ... 2,000,000
Un autre crédit de. 500,000
Et un troisième crédit de. 1,500,000

Total. . . 5,400,000 fr.

Le roi a souscrit pour. . . . . . . 100,000 fr.
La ville de Paris. 50,000
M. de Rotschild. 20,000
Le prince Louis-Napoléon. 500
Son cousin, le prince Jérôme. . . . 500

Tous les théâtres de Paris ont annoncé des représentations au profit des inondés. Plusieurs de ces représentations ont déjà eu lieu.

Mlle Rachel a donné 1,000 fr.

Les souscriptions ouvertes dans les bureaux des différents journaux atteignent déjà un chiffre imposant.

Espérons que la générosité publique sera grande comme les circonstances.

On a annoncé que le village de Saint-Firmin, dans la Nièvre, a été englouti par les eaux, et que tous les habitants, au nombre de 600, avaient péri ; nous voulons douter de cette affreuse nouvelle. tant de malheurs sont à déplorer !

FIN.

www.ingramcontent.com/pod-product-compliance
Lightning Source LLC
LaVergne TN
LVHW051508090426
835512LV00010B/2403